rowohlt repertoire
macht Bücher wieder zugänglich,
die bislang vergriffen waren.

Freuen Sie sich auf besondere Entdeckungen
und das Wiedersehen mit Lieblingsbüchern.

Alle **rowohlt repertoire** Titel finden Sie auf
www.rowohlt.de/repertoire

Copyright © by Alexa Hennig von Lange
Copyright © 2003 by Rowohlt Verlag GmbH

Rechtschreibung und Redaktionsstand dieses Buches
entsprechen einer früher lieferbaren Ausgabe.

Veröffentlicht im Rowohlt Verlag, Reinbek bei Hamburg
Copyright für diese Ausgabe © 2018 by
Rowohlt Verlag GmbH, Reinbek bei Hamburg
Umschlaggestaltung Anzinger und Rasp, München
Druck und Bindung CPI buchbücher.de, Birkach

ISBN 978-3-688-11019-3

rowohlt repertoire

Ein Mädchen- und Familienbuch im besten Sinne. Ein Roman so überdreht, frech und schnodderig wie rührend.

»Man muss anerkennen, was die Autorin wirklich kann und was sie zum ›Kult‹ erhoben hat, nämlich lebensecht wirkende innere Monologe zu schreiben, dass man immer das Gefühl hat, die Jugendlichen stünden in ihren T-Shirts und den Badeschlappen geradewegs vor einem.« (»Frankfurter Allgemeine Zeitung«)

Alexa Hennig von Lange, geboren 1973 in Hannover, hatte ihren ersten Romanerfolg 1997 mit »Relax« (rororo 22494). Des weiteren schrieb sie die Theaterstücke »Flashback« (Volksbühne Berlin), »Faster Pussycat! Kill! Kill!« (Junges Theater Göttingen) und »Erinnerungen« (Autorentage Hannover) sowie die Romane »Ich bin's« und »Woher ich komme« (Rowohlt · Berlin). 2002 erschien die Erzählung »Lelle«. Die Autorin lebt mit ihrer Familie in Berlin.

Alexa Hennig von Lange

Ich habe einfach Glück

Roman

Rowohlt Taschenbuch Verlag

5. Auflage 2009

Veröffentlicht im Rowohlt Taschenbuch Verlag,
Reinbek bei Hamburg, Dezember 2003
Copyright © 2001 by Rogner & Bernhard GmbH & Co.
Verlags KG, Hamburg
Marillion Lyrics reproduced with permission from:
Hit & Run® Music (Publishing) Ltd. / EMI Music Publishing Ltd.
Lektorat Anna-Catharina Gebbers, Hamburg
Umschlaggestaltung any.way, Andreas Pufal
(Fotos: Christoph Klenzendorf, Berlin)
Alle Rechte an dieser Ausgabe vorbehalten
Druck und Bindung CPI – Clausen & Bosse, Leck
Printed in Germany
ISBN 978 3 499 22970 1

*Für Barbara und Andreas,
in Freundschaft, Dankbarkeit und Liebe*

And it was morning.
And I found myself mourning.
For a childhood that I thought had disappeared.
I looked out the window,
And I saw a magpie in the rainbow, the rain had gone
I'm not alone, I turned to the mirrow,
I saw you, the child, that once loved.

The child before they broke his heart,
Our heart, the heart that I believed was lost.

So I see it's me, I can do anything
And I'm still the child,
'Cos the only thing misplaced was direction
And I found direction.
There is no Childhood's End.
You are my childhood friend.

Marillion

1

In der Schule bin ich immer fröhlich. Alle denken, Lelle hat ein sonniges Gemüt. Wenn ich ins Klassenzimmer komme, sagen die Leute aus meiner Klasse: »Die Sonne geht auf!« In den kleinen Pausen mache ich Witze. Ich lache über meine Witze, bis ich vor Lachen heulen muss. Ich rutsche vor Lachen von meinem Stuhl, kugle mich unter meinem Tisch vor Lachen. Und alle lachen mit. Ich bin zu jedem freundlich. Ich mache Witze und alle lachen. Ich am meisten.

Nach der Schule fahre ich mit dem Fahrrad nach Hause. Die schattige Allee mit den rosa blühenden Bäumen entlang. Den kleinen Berg hinunter. Den Fluss entlang. An den Wiesen vorbei. Über die Brücke, durch den kühlen Wald. Die Sonne scheint durch das grüne Laub. Auf dem Weg liegen leere, staubige Schneckenhäuser. Die Amseln zwitschern. Es ist Sommer. Und ich fühle mich so schrecklich allein. »Ich bin allein!« denke ich.

An diesem Sonntag ist es besonders schlimm. Schon am Morgen, als ich aufwache, und die Kirchturmglocken läuten, denke ich: »Ich bin allein!« Beim Mittagessen auf der Terrasse denke ich immer noch: »Ich bin allein!«

Am Nachmittag gehe ich in den Keller und hole mir ein bisschen von Mamas Ton. Der gammelt in dem grauen Pla-

1

stikeimer neben Mamas Drehscheibe vor sich hin. Wenn Mama Zeit hat, töpfert sie Vasen. Solche mit runden Bäuchen und langen, dünnen Hälsen. Die verkauft sie dann beim Weihnachtsbasar in der Grundschule gegenüber. Da verkaufen alle Frauen aus der Siedlung ihre selbstgemachten Werke. Schamlos bauen sie ihre jämmerlichen Aquarelle, Zeichnungen, Räuchermännchen und Gestecke auf den kleinen Grundschultischen auf. Von der Decke hängt ein riesiger Adventskranz mit dicken roten Kerzen. Letztes Jahr ist das Monstrum plötzlich runtergekommen und der schmächtigen Frau Seidlitz auf den Kopf gesaust. Das gab ein Durcheinander! Jeder ist hingelaufen und wollte sehen, ob Frau Seidlitz in der Mitte durchgebrochen ist. War sie nicht. Die lag am Boden unter den Zweigen und hat gejammert: »Meine Lose, meine Lose!« Frau Seidlitz ist nämlich jedes Jahr für die Tombola zuständig, bei der es allerhand Haushaltsgeräte zu gewinnen gibt. Einmal gab es sogar eine Waschmaschine zu gewinnen. Die wollte aber keiner haben, weil den Leuten das Fabrikat nicht gut genug war. Mama hätte sie gerne gehabt. Aber Papa hat gesagt: »Kommt nicht in die Tüte! Sonst sieht das so aus, als könnten wir uns keine anständige Maschine leisten!« Darum ist die Waschmaschine nach Kalakamati in Simbabwe gegangen. Das ist unsere afrikanische Partnergemeinde. Ich frage mich, was die Menschen da mit einer Waschmaschine sollen. Haben die überhaupt eine Steckdose in der Wüste?

1

Auf dem Weihnachtsbasar essen alle Nachbarn Stollen, betrinken sich mit Glühwein aus Plastikbechern, und Mama verkauft ihre bunt glasierten Vasen. Das eingenommene Geld sortiert sie ganz schnell in ihre kleine rote Geldkassette, die sie in ihrer Stofftasche versteckt. Mama ist richtig gut gelaunt, wenn sie mal ein paar Pfennige dazu verdienen kann, weil Papa so mit dem Haushaltsgeld rumknausert. Da hat Mama aber Glück, die Leute mögen ihre Vasen. Ein paar Wochen vor Weihnachten gerät Mama deshalb immer unter Druck, weil sie befürchtet, dass sie nicht genügend Vasen fertig kriegt. Je mehr Vasen sie produziert, desto mehr Geld wird reinkommen. Ist ja klar! Neben dem Telefon im Wohnzimmer liegt sogar eine Liste für Vorbestellungen. Das ganze Jahr über rufen Leute an und wollen Mamas Vasen vorbestellen. Einmal haben meine Schwester Cotsch und ich noch ein paar Namen mehr dazu geschrieben. Mama hatte richtig was zu tun. Die ist gar nicht mehr aus dem Keller gekommen, und Cotsch und ich konnten ungestört auf dem braunen Wohnzimmerteppich liegen und fernsehen. Das war super. Aber in letzter Zeit ist Mama nicht mehr zum Vasentöpfern gekommen, weil es Cotsch nicht so gut ging. Vor ein paar Wochen hat Cotsch ihre neue Geige gegen den Türrahmen gehauen. »Scheiß Geige!« Es gab Probleme beim Geigeüben.

Nach dem Vorfall hat Mama nach einer Gesprächstherapie für Cotsch gesucht. »So geht das nicht weiter.

1

Cotsch muss ihre Aggressionen besser unter Kontrolle kriegen!« Sie ist in der Nachbarschaft rumgelaufen und hat ihre Weihnachtsbasar-Freundinnen gefragt, wo ihre Töchter zur Therapie hingehen. Und so ist Mama auf Frau Thomas gestoßen. Da fährt meine Schwester jetzt einmal in der Woche mit der U-Bahn hin. Genau wie Corinna Melms, die Tochter von Frau Melms. Meine Schwester ist überhaupt nicht begeistert von dem Gedanken, dass sie ihre Therapeutin mit Corinna teilen muss. »Corinna ist so eine dumme Sau! Die ist so dumm! Die ist überhaupt nicht krank! Die ist nur dumm!« Aber Mama sagt: »Frau Thomas ist die Beste.« Und: »Jeder muss sich den Therapeuten mit anderen Leuten teilen!« – Na ja. –

Auf alle Fälle stehe ich an diesem verregneten Sonntagnachmittag in meinem Zimmer am Fenster und töpfere mir aus Mamas Ton einen Penis. Der Penis wird ziemlich dick, weil ich viel Ton mit hochgenommen habe. »Wenn schon, dann richtig!« denke ich. Draußen prasseln die Regentropfen auf die Blätter der Rosenbüsche, die Papa vor dem Mittagessen gegossen hat. Da hat es noch nicht geregnet. Ich habe vorsorglich die Zimmertür abgeschlossen. Und erst nach einer Stunde klopft Mama an die Tür.

»Lelle, was machst du da drinnen?«
»Nichts Besonderes!«
»Mach die Tür auf!«
»Nee, jetzt nicht!«
»Bitte mach die Tür auf!«

1

»Warum denn?«
»Ich will mit dir reden!«
»Ich kann jetzt nicht!«
»Was machst du denn da drinnen?«
»Nichts!«
»Lelle, mach bitte die Tür auf!«
Und schon hat es Mama geschafft, dass ich meine Töpferarbeit unterbrechen muss, um meinen Kopf gegen die Zimmertür zu schlagen. Das mache ich manchmal, wenn ich überfordert bin. Mama haut von außen mit der flachen Hand gegen das gelb lackierte Holz und drückt hektisch die grüne Plastikklinke rauf und runter.
»Lelle, was ist denn mit dir?«
»Lass mich endlich in Ruhe!«
»Lelle, mein Schatz, hör auf damit!«
»Dann lass mich endlich in Ruhe!«
»Ich kann dich aber nicht in Ruhe lassen! Ich mache mir Sorgen!«
»Wenn du mich nicht in Ruhe lässt, bringe ich mich um!«
Mama lässt die Klinke los und geht. Ich bin verwundert. So etwas. Das habe ich noch nie erlebt. Ich hatte mich eher darauf eingestellt, dass das Theater noch eine halbe Stunde weitergeht, bis meine Schwester aus ihrem Zimmer kommt und schreit:
»Hier geht es immer nur um Lelle! Wenn ich sage, dass ich mich umbringe, interessiert das keine Sau!«

1

Ich bin echt erleichtert. Ich stehe wieder von meinem flauschigen Kinderzimmerteppich auf und stelle mich zurück ans Fenster. Ich will, dass mein getöpferter Penis fertig wird. Ich habe nämlich einen Entschluss gefasst: Ich will mich selbst entjungfern. So eine Entjungferung tut bestimmt weh, und da ist es besser, man hat das erledigt, bevor man sich mit einem Jungen ins Bett legt, der einen auch noch lieben soll. Das ist definitiv zu viel auf einmal. Worauf soll man sich in so einem Moment denn noch alles konzentrieren?! Auf den Schmerz, und dass man sich nicht vor Schreck verkrampft? Oder auf die Liebe? Oder, dass der Junge das Loch findet, in das er seinen Penis stecken darf? Ich frage mich sowieso, wie das organisatorisch geregelt ist. Darum bin ich richtig stolz auf meinen Einfall. Mein dicker Penis muss nur noch ein bisschen glatt gestrichen werden. Dann ist er fertig. Als ich gerade mit dem Feinschliff beschäftigt bin, glotzt Mama plötzlich mit triefnassen Haaren und regendurchtränkter Bluse von der anderen Seite der Fensterscheibe direkt auf mich, meine Hände und den riesigen Penis.

»Geht es dir gut, mein Schatz?«

Mir bleibt das Herz stehen. Mama hat ihre Hände ums Gesicht gelegt, damit sie mich besser hinter der Scheibe sehen kann. Kann Mama mich nicht einmal in Ruhe lassen? Der feuchte Tonpenis flutscht durch meine Finger und landet auf dem Teppich. Wenigstens kann Mama ihn so nicht mehr sehen. »Ja!« kreische ich und lasse mich neben mei-

1

nen fusseligen Penis auf den Boden fallen, während Mama über mir an die Scheibe hämmert.

»Lelle, bist du ohnmächtig?«

Ich werde sehr oft ohnmächtig. Erst neulich habe ich beim Packenspielen auf dem Schulhof die Besinnung verloren. Beim schnellen Weglaufen im Matsch bin ich ausgerutscht und habe mir meine Schulter an dieser albernen Kinderwippe gestoßen. Zuerst habe ich mich ganz schnell wieder hochgerappelt und so getan, als ob nichts passiert ist. Ich bin taumelig ein bisschen im Kreis marschiert. Dabei habe ich gegrinst und geschielt und zu mir gesagt: »Wehe, du kippst um!« Und schon bin ich in die weichen Arme von der dicken Bettina gesunken. Ich bin auf sie zugewankt und habe gehaucht: »Halt mich!« Und klapp, war ich auch schon weg. Bettina hat mich aufgefangen und nach Kaninchen gerochen. Bettina hat einen großen Kaninchenstall mit vier Kaninchen in ihrem Zimmer stehen. Mit der Kraft einer sorgenden Kaninchenmutter und unter dem Geleitschutz der gesamten Klasse hat sie mich zwei Treppen hoch ins Sekretariat geschleppt. Und die braun geschminkte Sekretärin kam sich nicht zu blöd vor, mich vor versammelter Mannschaft zu fragen: »Hast du deine Tage?« Mir ist der Schweiß den Rücken runtergelaufen. Aber ich war zu schwach, um angemessen zu reagieren. Ich habe nur den Kopf geschüttelt. Mehr ging nicht. Ich war einfach zu geschockt, vor allen Dingen, weil ich noch gar nicht meine Tage habe. Und darauf bin ich stolz. Das ist doch ein echter

1

Grund zur Freude. Da könnte ich gleich noch eine Geschichte erzählen. Mach ich aber nicht. Vielleicht später, falls ich es nicht wieder vergessen sollte. Es hat auf jeden Fall etwas mit Schüleraustausch in England zu tun und mit einem Päckchen Damenbinden, das im Wohnzimmer vor den Augen der Gastfamilie ungeplanterweise aus der Tasche fällt. Die Binden hatte mir Mama vorsorglich mitgegeben.

»Falls du deine Regel das erste Mal in England kriegst!«
»Ich kotze!«
»Nimm sie trotzdem mit!«
»Danke!«

Meinen Tonpenis verstecke ich zum Trocknen im Kleiderschrank unter den Unterhosen. Den Rest von meinem Zimmer durchsucht Mama ständig, weil sie einmal in meiner Schublade einen vollen Teller Kartoffelsuppe entdeckt hat. Seitdem glaubt sie, dass ich ständig Nahrung in meinem Zimmer verstecke, anstatt sie zu essen. Aber so dumm bin ich nicht. Ich schütte den Scheiß lieber gleich ins Klo. Aber dann spaziert Mama plötzlich mit einem Stapel frisch gewaschener Wäsche in mein Zimmer, reißt die Kleiderschranktür auf und fingert in meinen dreckigen Unterhosen herum, die ich dort lagere. Mama kapiert nicht, dass das ab einem bestimmten Alter nicht mehr gemacht wird. Darum gehe ich mit dem großen Brotmesser auf sie los. Irgendwie muss man sich ja zur Wehr setzen! Schließlich will ich nicht, dass sie meine kleine Tonskulptur entdeckt.

1

Mir ist klar, dass ich niemals zustechen würde, aber Mama findet »den Akt an sich schon so schrecklich!«

»Du sollst nicht immer in meinem Kleiderschrank rumwühlen!«

»Mache ich doch gar nicht!«

»Machst du wohl!«

»Ich nehme doch nur die dreckigen Unterhosen raus!«

»Siehst du?! Du wühlst in meinem Kleiderschrank rum!«

Papa putzt unterdessen im Keller seine Schuhe und tut so, als ob er von unserem Gezanke nichts mitbekommt. Vielleicht repariert er auch den Sitz von seinem Korbstuhl aus der Kolonialzeit, auf den meine Schwester und ich uns gerne stellen, wenn wir was vom Küchenschrank holen wollen. Mama versteckt nämlich da oben im Staub ihr Portmonee mit dem Haushaltsgeld. Da gehen meine Schwester und ich immer ran, wenn unser Taschengeld alle ist. Aber Mama merkt es gar nicht. Die sagt nur: »Papa ist so ein Geizhals. Der gibt mir viel zu wenig Haushaltsgeld!« Und Papa sagt: »Stellt euch doch verdammt noch mal nicht immer auf den Sitz! Der Stuhl steht in einem Museum für Möbel aus der Kolonialzeit!« Bei allem, was sich bei uns im Haus befindet, behauptet Papa, dass es in einem Museum für Möbel aus der Kolonialzeit steht. Darum ist Papas monopole Sorge, dass irgendwas von dem Kram kaputtgehen könnte. Aber um die Gemütsverfassung von Mama und uns kümmert er sich einen Dreck, als er schließlich aus dem Keller kommt. Er sagt nur zu Mama:

1

»Mensch, nun lass doch mal die Kinder in Ruhe!«
»Ich lass sie doch in Ruhe!«
»Nein, du lässt sie eben nicht in Ruhe!«
»Was soll ich denn machen, wenn sie sagen, dass sie sich umbringen wollen?!«
»Nichts!«
»Wie: Nichts?«
»Nichts!«
»Ja, aber die werden doch einen Grund haben, warum sie das sagen!«
»Ja, weil du sie nie in Ruhe lässt!«

Papa hat bei uns immer das letzte Wort, weil Mama dann aus der Küche geht und sich oben in ihrem Nähzimmer im ersten Stock, einen Sherry genehmigt. Und dann noch einen. Aber als ich mit dem geschärften Messer vor ihr rumhantiere, wandert sie nicht in ihr Nähzimmer ab, um sich einen zu zwitschern. Stattdessen legt sie sich direkt aufs Kolonialsofa im Wohnzimmer und behauptet, dass sie keine Luft mehr kriegt.

»Ich krieg keine Luft mehr!«

Papa gießt in der Küche den Tee auf und sagt durch den Durchgang:

»Stell dich nicht so an!«

Mama reagiert überhaupt nicht darauf. Sie sagt nur:

»Mein linker Arm ist ganz taub!«

»Blödsinn!«

Papa zwinkert mir zu, wie ich so erbärmlich auf dem

1

kleinen Hocker neben dem Kühlschrank hocke und ein schlechtes Gewissen habe. Dann trocknet er sich die Hände ab und zwinkert weiter rum:

»Mama übertreibt mal wieder!«

In solchen Momenten tut Papa immer so, als ob er mein bester Kumpel ist. Aber Papa ist nicht mein Kumpel. Papa ist für mich ein undurchsichtiger Typ, der irgendwann auf die dumme Idee kommen könnte, lieber mit Cotsch und mir zu kuscheln als mit Mama. Über das Thema habe ich mal einen Bericht in der *Mädchen* gelesen. Da hat der Vater seine Frau links liegen gelassen, weil er mehr Verlangen nach seinen leibeigenen Töchtern hatte. An denen hat er immer heimlich rumgefuhrwerkt. Na ja. Und seit ich diesen aufschlussreichen Bericht gelesen habe, hege ich so meine Bedenken, dass Papa auch so eine Art von Mensch sein könnte. Darum zieht sich alles in mir zusammen, als ich Papa beim Teemachen zugucke. Ich habe Angst, dass ich mit ihm Konversation betreiben muss. Schließlich ist das ja auch schon eine Form von Intimität. Oder, dass er mir auf den Hintern klappst, wenn ich von meinem Hocker aufstehe. Also bleibe ich sitzen und höre, wie Mama auf dem Sofa liegend behauptet:

»Ich habe einen Herzinfarkt!«

Papa geht mit der Teekanne einfach wieder in den Keller runter und wirft hinter sich die Glastür zu. Ich kriege auf der Stelle einen Schreikrampf und haue meinen Kopf gegen die Seitenwand vom Kühlschrank. Und im Wohnzimmer schleppt sich Mama zum Telefon und ruft den Notarzt.

Als der Notarzt an der Tür klingelt, ist es draußen dunkel. Ich hocke auf meiner frisch gewaschenen, gelb-weiß gestreiften Bettüberdecke und heule heimlich. Ich will nicht Schuld daran sein, wenn Mama wegen mir einen Herzinfarkt bekommt. Ich höre, wie Papa den Notarzt reinlässt und sagt: »Meine Frau liegt im Wohnzimmer. Einfach geradeaus und durch die Glastür!« Dann klopft es an meiner Tür und die Klinke wird runtergedrückt. In diesem Haus wird nie gewartet, bis »Herein!« gerufen wird. Papa steht im hellen Schein des Flurlichtes, und zum Glück habe ich mich noch nicht ausgezogen und unter die Decke gelegt. Papa schließt die Tür hinter sich, macht ein paar Schritte auf mich zu, und das ist mir eindeutig zu intim.

»Mach dir keine Sorgen, Lelle. Mama spinnt!«
»Hm!«
»Du weißt doch, die übertreibt immer!«
»Hm!«
»Die braucht auch mal ein bisschen Aufmerksamkeit. Gönnen wir sie ihr doch!«
»Hm!«
Papa platziert sich ungefragt auf meine Bettkante und ich höre sofort auf zu heulen. Das würde mir gerade noch fehlen, dass der seinen gelben Hemdärmel um mich legt. Papa beugt sich über mich und knipst die kleine gelbe Klemm-

1

lampe an meinem Kopfende an. Dann sehe ich, was Papa auf seinem Schoß liegen hat.

»Ich wollte dir mal was zeigen!«
»Was denn?«
»Mein Lieblingsbuch!«
»Aha!«
»Das ist ein Fotoband über die Antiapartheidskämpfe in Afrika Mitte der sechziger Jahre!«
»Hmh!«
»Das Buch habe ich mir gekauft, als ich mit dem Studieren angefangen habe!«
»Hm!«
»Du kannst dir das Buch ja mal ansehen, wenn du willst!«
»Ja, mache ich!«

Papa erläutert mir jedes Bild. Und ich höre nicht zu. Ich sehe zum Fenster hinüber. Dahinter ist es dunkel. Die Zweige des Rosenbusches kratzen über das Glas und ich frage mich, was der Notarzt mit Mama macht. Ich frage mich, ob Mama wirklich einen Herzinfarkt hat. Papa scheint das nicht zu interessieren. Er steht auf, gibt mir einen feuchten Kuss auf die Stirn. In Papas Familie geben alle feuchte Küsse. Seine Mutter auch. Wenn sie bei uns zu Besuch ist, gibt sie meiner Schwester und mir mit ihren weichen, zittrigen Lippen eine Menge feuchter Küsse. Und wir wischen mit der Hand heimlich den Speichel von unseren Wangen.

1

»Ich fahr noch mal ins Geschäft. Mama soll sich erst mal beruhigen!«
»Hmhm!«
»Schlaf schön, und guck dir das Buch an!«
»Mach ich. Danke!«
Papa geht, und das alberne Anti-Apartheids-Buch bleibt neben mir liegen. Ich trete es von der Überdecke und weiß nicht, was ich machen soll. Ich überlege, ob ich ins Wohnzimmer gehen soll. Ich traue mich nicht. Vielleicht sollte ich meinen Tonpenis aus dem Kleiderschrank holen. Aber das traue ich mich auch nicht. Mama ist schon ganz oft reingekommen, wenn es mir gerade überhaupt nicht gepasst hat.
»Schläfst du schon, Lelle?«
»Ja!«
»Soll ich das Fenster aufmachen?«
»Nein!«
»Ich mach lieber das Fenster auf. Hier muss mal frische Luft rein!«
»Hm!«
»Was liegt denn da auf dem Boden?«
»Meine Hose!«
»Schmeiß die bitte nicht immer auf den Boden. Ich wasche die doch nicht, damit die hinterher auf dem Boden landet!«
»Mach ich!«
»Schlaf gut!«

1

»Du auch!«

Manchmal kommt Mama noch mal an mein Bett und will die Decke durchschütteln.

»Ich schüttel noch mal deine Decke durch!«

»Nee!«

»Komm, ich schüttel sie eben durch!«

»Nein!«

»Warum denn nicht?«

Unter Fachleuten würde man so ein Verhalten bestimmt seelische Vergewaltigung nennen. Ich nenne es auch so. Mama vergewaltigt mich seelisch. Wenn ich im Bett liege, will ich meine Ruhe haben. Ich will liegen und träumen. Von einer Hand, die heimlich über meinen Rücken streicht. Von einem Jungen, der mich küsst. Von jemandem, bei dem ich nicht alleine bin.

2

Am nächsten Abend hocken meine Schwester und ich in der Küche auf dem Fensterbrett und sehen Mama zu, wie sie für das Abendbrot den Salat wäscht. Mama hat keinen Herzinfarkt. Dafür hat sie sich ein Handtuch in den Hosenbund gesteckt und noch eins um den Kopf gebunden. Das macht sie immer, sobald sie in der Küche steht. Und wie jeden Abend gibt es Neuigkeiten aus der Nachbarschaft zu erzählen. Mama sitzt direkt an der Quelle, weil sie mit dieser schrecklichen Rita Weidemann befreundet ist, die mit ihrer Familie in einem großen Haus auf der anderen Seite, außerhalb der Siedlung wohnt. Manchmal kommt Mama richtiggehend verwirrt nach Hause, wenn sie bei Rita zu Besuch war. Mit rotem Gesicht stürmt sie zur Tür rein, schmeißt ihren Schlüssel ins Schlüsselkörbchen und verschwindet für die nächste halbe Stunde oben in ihrem Nähzimmer, wo inzwischen auch ihr Bett drinsteht. »Ich leg mich mal kurz hin!« Cotsch und ich fragen: »Was war denn jetzt wieder los?« Und Mama sagt: »Rita spinnt!« Irgendwann kommt Mama wieder runter und fängt an, wie von Sinnen das Parkett zwischen den Teppichen im Wohnzimmer zu polieren. Wir sagen immer: »Mama, geh nicht zu Rita!« Aber Mama hört nicht auf uns. Und schon gar nicht auf Papa, der je-

2

desmal einen Wutanfall kriegt, wenn er mitbekommt, dass Mama wieder bei Rita war. Heute hat Mama die dicke Rita bei Edeka beim Einkaufen getroffen. Plötzlich hat sie sich an der Kasse zu Mama umgedreht und gemeint: »Meine Töchter sind so hässlich. Deine sind viel hübscher!«

Solche Sätze gibt Rita ständig ab. Dass die sich nicht schämt. Würde Mama einmal so etwas über uns sagen, würde ich überall rum erzählen, dass sie nicht meine echte Mutter ist. Trotzdem finden meine Schwester und ich es ausgesprochen löblich, dass Rita uns viel hübscher als ihre Angeber-Töchter findet. Sie hat aber auch Recht. Susanna und Alice sehen nicht gut aus. Irgendwie so blass und mickrig. Über Susanna brauchen wir erst gar nicht zu reden. Ihre Nasenlöcher sind so groß, dass man da immer reingucken muss. Eigentlich wäre an dieser Stelle Mitgefühl angesagt. Trotzdem wollen Cotsch und ich wissen, was Mama auf Ritas kluge Einsicht erwidert hat. Ich glaube, das hat was mit angeborener Grausamkeit zu tun. Da können wir gar nichts gegen machen.

»Und was hast du zu Rita gesagt?«
»Ich hab gesagt: »Ach Rita, das stimmt doch gar nicht!«
»Und was hat sie dann gesagt?«
»Was?«

Selten ist Cotsch so gut gelaunt und vergnügt wie in diesem Moment.

»Was hat die fette Kuh dann gesagt?«
»Welche fette Kuh?«

2

»Na, Rita!«
»Weiß ich nicht mehr!«
»Los, erinnere dich!«
Leider hat Mama schon wieder keine Lust mehr, über die hässlichen Kinder von Rita zu sprechen. Vor allen Dingen, weil sie merkt, dass Cotsch ihr gestörtes Selbstbewusstsein mit solchen Nachrichten aufbaut.
»Ach nee. Das ist mir jetzt zu mühsam!«
»Los, konzentrier dich!«
»Rita hat dann von Susannas Akne angefangen!«
»Was ist mit ihrer Akne?«
»Rita hat gesagt, dass sie so viele Eiterpickel hat!«
»Igitt, ich kotze!«
Das macht mir wirklich Angst, über was sich erwachsene Menschen so alles unterhalten. Ich brauch echt nichts mehr hören. Aber Cotsch kann nicht genug kriegen. Solche Geschichten bauen so dermaßen ihr Selbstbewusstsein auf, dass man das schon keinem mehr erzählen kann. Erst, wenn alle anderen am Abspacken sind, geht es meiner Schwester richtig gut. Aber wehe, einer ist mal besser als sie in der Schule. Oder hübscher. Dann ist so richtig Totentanz angesagt. »Wie soll ich eine Eins in der Mathearbeit schreiben, wenn ihr mich nie lobt? Susanna und Alice werden immer gelobt. Nur ich werde nie gelobt. Ihr hasst mich doch alle! Ich bringe mich um!« Vorsichtshalber kriegt Cotsch in so einem Fall sofort eine Extra-Therapiestunde von Mama spendiert, um einem ihrer berüchtig-

2

ten Wutanfälle vorzubeugen. Aber im Moment ist Cotsch ganz vorne mit dabei. Sie ist so richtig gut drauf. Vor allen Dingen, weil Susanna gerade ihr Abitur mit Sonderauszeichnung bestanden hat. Da ist es nur gut, dass endlich öffentlich bekannt wird, dass die Streber-Susanna hässlicher ist als Cotsch.

»Ja, und was hast du dann gesagt? Ich meine, die Tussi hat echt richtig viele Eiterpickel!«
»Ich habe gesagt, dass du ja auch ein paar Pickel hast!«
»Was hast du gesagt?«
Gratuliere, Mama! Du hast gerade den schlimmsten Fehler deines Lebens begangen. Und den wirst du nie wieder gutmachen können. Egal, was du zu deiner Entschuldigung anzubieten hast. Am besten, du holst gleich den nächsten Therapiegutschein aus deiner Tasche.
»Ich wollte Rita doch nur trösten!«
Das ist die lausigste Entschuldigung, die du dir hättest einfallen lassen können. »Ich wollte Rita doch nur trösten!« Mama, du hast wirklich noch viel zu lernen!
»Du bist so scheiße, Mama, ich hasse dich!«
Cotsch springt vom Fensterbrett runter, stürmt mit wehenden Haaren durch die Küche und knallt die Glastür hinter sich zu. Es ist wohl überflüssig zu erwähnen, dass bei uns schon einige Glastüren zu Bruch gegangen sind. Mama atmet tief durch, reißt die Glastür wieder auf und rast hinter meiner Schwester her.
»Es tut mir Leid. Sei nicht böse!«

2

Und schon geht im Flur das übliche Theater los. Ich bleibe auf dem Fensterbrett sitzen und starte mit dem Fingernägelkauen, während Mama an Cotschs Zimmertür hämmert.
»Mach die Tür auf. Sei nicht böse. Es tut mir Leid!«
»Ich hasse dich!«
»Bitte mach die Tür auf, dann können wir reden!«
»Ich will nicht mit dir reden. Ich will mit niemandem reden. Ihr kotzt mich alle an!«
»Komm wieder raus. Wir machen es uns in der Küche gemütlich!«
»Scheiß gemütlich! Mach's dir doch mit deiner Rita gemütlich. Mit der fummelst du doch eh schon rum!«
Plötzlich ist es still. Ich höre auf an meinen Nägeln zu nagen und glotze durch die Glastür in den Flur. Mama lässt Cotschs Klinke los und bleibt für einen Moment bewegungslos im gedämpften Flurlicht stehen. Dann rupft sie die karierten Handtücher aus dem Hosenbund und vom Kopf, hängt sich im Windfang ihren Mantel über, öffnet die Haustür und marschiert mit ihren ausgefransten Hausschuhen auf die Straße. Das ist neu. Das hat Mama noch nie gebracht. Das hat was von Apokalypse. Ich glaube, Cotsch hat gerade Mamas wunden Punkt erwischt.

Was mache ich denn jetzt? Ich dachte, ich erfahre hier noch ein paar Details über das Intimleben von Weidemanns. So ein Mist. Dass Mama auch immer so unvorsichtig sein muss. Auf der anderen Seite verstehe ich über-

2

haupt nicht, was Cotsch hat. Sie ist mit Abstand die Hübscheste aus ihrem Jahrgang. Die Jungs sind verrückt nach ihr. Ständig klingelt das Telefon bei uns: »Hallo, hier ist Guido, ist Cotsch zu Hause?« Manchmal wird Cotsch der Ansturm dieser liebestollen Jünglinge derart zu viel, dass sie mich zwingt, rumzulügen. »Tut mir Leid, Guido, Cotsch ist leider nicht da!« Dabei sitzt sie direkt neben mir auf dem Fensterbrett und schüttelt kichernd ihre blonden Locken. Cotsch ist wirklich wunderschön. Ich wünschte, ich wäre so schön. Sie hat diese hellen blonden Locken und tausend Sommersprossen im Gesicht. Außerdem hat sie im Gegensatz zu Susanna echt kaum Pickel. Nur ein paar auf dem Rücken. Die sieht sowieso keiner. Trotzdem ist Cotsch absolut empfindlich, was das Thema anbelangt.
- Soll ich jetzt hinter Mama her rennen und meinen Arm um sie legen?

»Komm Mama, ist doch nicht so schlimm!«
Vielleicht fühlt sie sich alleine und hat wieder Panik, dass sie einen Herzinfarkt bekommt.

»Komm Mama, du weißt doch, dass Cotsch so empfindlich mit ihren Pickeln ist!«
Möglicherweise bekommt Mama einen Herzinfarkt. Kann doch sein. Mitten auf der Straße. Zu dieser Zeit sind nicht viele Nachbarn unterwegs. Die waschen alle zu Hause ihren Salat. Niemand würde Mama finden, wie sie in kalter Abendluft im Rinnstein liegt. Meine kleine Mama, ganz allein im Dunkel der Nacht mit schmerzendem Herzen.

2

Mein Herz tut auch schon weh. Mein Brustkorb fühlt sich zusammengepresst an. Ich kriege kaum Luft. Ich spucke den letzten abgebissenen Nagel auf den grauen Linoleumboden und möchte weinen. Bestimmt weint Cotsch auch. Auf ihrem Bett sitzend, mit den Knien unterm Kinn und den Pullover darübergezogen. Da hätte Mama gleich wieder was zu melden: »Cotsch, beul deine Pullover nicht so aus!« Mama rennt im Zickzack durch die Nachbarschaft. Und Papa gießt im Geschäft seine Pflanzen und hat kein Bedürfnis, nach Hause zu kommen. Ich hätte jetzt nicht übel Lust, laut loszuschreien. Alles rauszulassen. Aber das ist nicht ratsam. Dann denken die Nachbarn wieder: »Oh, drüben werden die beiden Mädchen von ihren Eltern misshandelt!« Davor hat Mama am meisten Angst: »Kinder, schreit doch nicht immer so. Die Nachbarn denken sonst, wir misshandeln euch!« Bei dem Gekreische rufen die irgendwann noch mal die Polizei. Das muss ich ja nicht auch noch fördern. »Ihr misshandelt uns ja auch!« sagt meine Schwester dann immer. Am besten, ich wasche erst mal den Salat zu Ende und schleudere die grünen Blättchen in der roten Salatschleuder trocken. Die hat Mama vor zwei Wochen bei Edeka erstanden: »Guckt mal! Die Salatschleuder hat nur fünf Mark gekostet!« Bestimmt freut sich Mama, dass der Salat geschleudert ist, wenn sie wiederkommt. Hoffentlich kommt sie wieder. Nicht dass wir Mama das nächste Mal sehen, wenn sie aufgebahrt im Sarg liegt. Ich weiß nicht mal, ob Mama eingeäschert wer-

2

den will. So wie Opa. Und der Salat ist fertig, wenn Papa kommt. Nicht dass Papa auch noch sauer wird, wenn der Salat nicht fertig ist.

»Kann mir mal jemand sagen, warum ich schon hier bin, wenn das Abendessen noch nicht fertig ist?«

»Tut mir Leid, Berni!«

Papa knallt in so einem Moment auch gerne mal die Glastür hinter sich zu und verschwindet wieder im Keller, um die Wartezeit mit Schuheputzen zu überbrücken. Mama steht schweigend in der Küche. Die Lippen zusammengepresst. Die Neonröhre an der Decke scheint ihr auf den Kopf. Das Handtuch steckt im Hosenbund. Mama beeilt sich, dass das Essen fertig wird. Am besten, ich decke auch gleich noch den Tisch. Dann ist die Angelegenheit auch erledigt. Es gibt sowieso Ärger, wenn Papa kommt und Mama nicht da ist.

»Ist die Tante schon wieder bei Rita?«

»Ich weiß nicht!«

»Wo soll sie denn sonst sein?«

»Ich weiß es nicht!«

»Dieses Theater mache ich nicht mit! Ich fahre wieder ins Geschäft.«

Und schon macht Papa sich auf den Weg. Eigentlich bin ich dann immer ganz froh. Ein Stressfaktor weniger. Auf der anderen Seite weiß ich ganz genau, dass es später in der Nacht richtig losgeht, wenn Papa wiederkommt und nachfragt, wo Mama war.

2

»Warst du wieder bei Rita?«

»Ja!«

»Verdammt noch mal, ich komme extra aus dem Geschäft und du bist nicht da! Meinst du, ich habe nichts zu tun?!«

»Tut mir Leid, Berni!«

Mama sagt ständig: »Tut mir Leid, Berni!« Ich hasse diesen Satz. Immer tut Mama alles Leid. Ich muss mich strecken. Ich kriege keine Luft. Alles fühlt sich so zugeschnürt an. Ich strecke mich. Ich strecke mich und versuche zu atmen. Das sticht in der Brust. Meine Arme strecken. Vielleicht ist das der Herzinfarkt. Von der Fensterbank rutschen. Ich atme tief ein. Nicht weinen. Ich wasche jetzt den Salat. Bestimmt fühlt sich das bei Mama genauso an. Vielleicht liegt sie irgendwo tot auf der Straße, und Papa fährt aus Versehen über sie drüber, wenn er aus dem Geschäft nach Hause kommt. Dann müssen wir entscheiden, ob Mama eingeäschert werden soll. Möglicherweise weiß Papa, was Mama am liebsten hat. Wasserhahn aufdrehen. Die grünen Blätter verschwimmen vor meinen Augen. Das Wasser läuft. Meine Hände schmerzen unter dem kalten Wasser. Tief einatmen und waschen. Bei großer Hitze platzen die Zähne. Zum Schluss passt Mama in eine kleine goldene Urne. Wenn man traurig ist und nicht mehr weiter weiß, ist es schwer, Salat zu waschen. Jede Bewegung ist anstrengend. Ich bin gelähmt. Mein Herz ist gelähmt. Mein Kopf ist verstopft. Da ist rosa Kaugummi drin. Klebriger rosa

2

Kaugummi in meinem Kopf. Kann mich nicht jemand halten? Nur festhalten, damit ich den Salat gewaschen kriege. Halt mich fest und schlaf mit mir. Das wünsche ich mir. Dass ein Junge mit mir schläft. Oder Nick von *Ein Trio mit vier Fäusten*. Wer Besseres fällt mir nicht ein. In den war ich in der dritten Klasse verliebt. Der sorgt wenigstens für Ordnung. »He Nick, mach Ordnung in meinem Kopf!« Ich steige einfach in das nächste Flugzeug und besuche den, drüben in Amerika. Das wäre schön, wenn er mich am Flughafen abholt.

»You look so beautiful!«

»Thank you! Can you please take the pink bubblegum out of my head?«

»No problem!«

Zur Feier des Tages würde ich meine alte Jeanshose anziehen. Und die indischen Schläppchen aus blauem Samt mit der Teersohle, die anfängt zu stinken, wenn man barfuß in den Dingern rumrennt. Das macht Nick aber überhaupt nichts aus. Wie durch ein Wunder ist er vor Liebe ganz von den Socken, als er mich zur Begrüßung in die Arme schließen darf.

»You're so beautiful that I can't stand it!«

»Thank you! My mother thinks I'm too thin!«

»Bullshit!«

Wasser abstellen. Salat in die Salatschleuder stopfen. Deckel drauf. Kurbel drehen. Es geht mir schon besser. Salat schleudern. Der Salat dreht sich in der Schleuder im

Kreis. Das Klebekaugummi in meinem Kopf wird mit geschleudert. Die Zentrifugalkraft, oder wie das heißt, schleudert den Kaugummi gegen meine Schädelwand. Rund herum. Jetzt ist in der Mitte wieder Platz für schöne Gedanken.

»Nick, sleep with me!«

Ich kann wieder atmen. Nick wirbelt mich durch die Luft. Ich bin leichter, als er dachte. Darum fliege ich auch so hoch. Meine Beine schwingen in Augenhöhe.

»You're so beautiful!«

»You're welcome!«

Dann setzt mich Nick wieder ab. Wir schlendern durch die Flughafenhalle, und mir ist von dem Rumgewirbel ein klein wenig schlecht. Aber ich bin mir sicher, das ist gleich wieder vorbei. Wir schlendern Arm in Arm Richtung Ausgang. Nicks Arm drückt ziemlich schwer auf meine Schultern. Das liegt an seinen kräftigen Oberarmmuskeln. Ich bin weit weg von zu Hause. Weit weg von der Salatschleuder. Eine fesche Unterhose mit Spitze habe ich auch an. Nick streicht über meinen Rücken. Wir verlassen die Flughafenhalle. Gehen durch die große Glastür nach draußen. Palmen wiegen sich sacht im Wind. Am Horizont geht rosarot die Sonne unter. Jemand drückt in blauer Luft auf die Hupe. Nick öffnet mir die Beifahrertür von seinem silbernen Flitzer. Ich steige ein, und wir düsen los. Der Asphalt rauscht unter den breiten schwarzen Reifen. Meine Haare fliegen. Gänsehaut bildet sich auf meinen Armen.

2

Es geht in Richtung Hafen. Ich bin aufgeregt. Ich kann kaum schlucken. Am Hafen liegt sein Hausboot. Da kuscheln wir uns in sein Bett, und meine Füße sind kalt.

»You're so beautiful!«
»Thank you! But my feet are cold!«

Und in dem Moment kommt der hässliche Cody die Treppe zur hölzernen Kajüte runtergeklettert.

»Wo ist denn Mama?«

Cotsch steht mit zerzausten Haaren und verheulten Augen neben mir. Ich stoppe die Salatschleuder.

»Die ist abgehauen!«
»Wohin denn?«
»Keine Ahnung!«
»Aber Papa kommt doch gleich!«
»Hättest du nicht so einen Stress gemacht, wäre Mama bestimmt nicht weggelaufen!«
»Du machst doch selber immer Stress!«
»Mache ich gar nicht!«
»Klar! Es geht immer nur um dich und deinen Scheiß!«
»Gar nicht wahr!«
»Wo issn Mama jetzt?«
»Weiß ich nicht!«
»Was hat sie denn gesagt, wo sie hingeht?«
»Gar nichts. Die ist einfach mit Hausschuhen rausgerannt!«
»Die ist bestimmt zu Rita!«
»Ich ruf da mal an!«

2

Cotsch hockt sich auf den Hocker neben den Kühlschrank, zieht die Knie unters Kinn und den Pullover darüber. Ich gehe durch den Durchgang ins Wohnzimmer und rufe bei Weidemanns an.

»Rita Weidemann!«
»Hallo, hier ist Lelle!«
»Lelle, wir essen gerade Abendbrot!«
»Ich wollte nur fragen, ob Mama bei euch ist!«
»Nein, die ist nicht hier!«
»Danke!«

Als ich zurück in die Küche komme, ist Cotsch gerade dabei, die Hornhaut von ihren nackten Fußsohlen zu reißen. Das ist ihre Art, mit dem Stress bei uns zu Hause fertig zu werden. Cotschs Füße sind von unten immer blutig verschorft, weil sie die Hornhaut in dicken Fetzen abreißt. Aber ich glaube, Cotsch kriegt das gar nicht mehr richtig mit.

»Mama ist nicht bei Rita!«
»Was hat sie denn gesagt, wo sie hingeht?«
»Nichts!«
»Mama benimmt sich wie so ein kleines Kind!«
»Du auch!«
»Halt die Fresse!«

Ich sage jetzt besser nichts mehr. Neulich hat mir meine Schwester vor Wut warme Nudelsuppe über den Kopf geschüttet. Wirklich. Manchmal verliert sie die Kontrolle. Ich zerhacke einfach die gekochten Eier. Und die Radieschen.

2

»Ich glaube, ich gehe mal Mama suchen!«
Cotsch steht auf, grabbelt mit ihren Hornhaut-Abreiß-Fingern in den gehackten Eiern herum und stopft sich die Hälfte davon in den Mund.
»He, die sind für Papa!«
»Der hat heute Morgen schon ein Ei gegessen!«
»Na und? Die sind aber für den Salat!«
»Kannst du dich eigentlich nur mit Scheiße befassen?«
Was soll ich dazu sagen? Ich finde, wenn ich Eier für den Salat hacke, müssen die nicht vorher schon aufgefressen werden. Das ist jedenfalls meine Meinung. Außerdem kann Papa es nicht leiden, wenn im Salat nur noch so ein paar Eikrümelchen sind. Deswegen gab es schon mal richtig Ärger. Mama hatte nur noch ein hartgekochtes Ei, weil sie vergessen hatte, Eier zu kaufen, und da ist Papa ziemlich böse geworden.
»Warum ist da nur so wenig Ei drin?«
»Ich hatte nur noch ein hartgekochtes Ei!«
»Warum hast du keine Eier eingekauft?«
»Hab ich vergessen, Berni!«
»Wie kann man vergessen, Eier zu kaufen?«
»Ich dachte, wir haben noch welche!«
»Verdammt noch mal, was machst du denn den ganzen Tag?«
»Arbeiten!«
»Blödsinn, du triffst dich mit Rita!«
»Darf ich aufstehen?«

2

Meine Schwester ist gleich mit aufgestanden. Der Rita-Diskussion hatten wir nun wirklich keine Lust, beizuwohnen. Mama hatte wohl auch keine Lust auf die Geschichte und hat angefangen, den Tisch abzuräumen.

3

Eben als ich anfangen wollte, den Tisch zu decken, hat es an der Haustür geklingelt. Unser Nachbar Arthur stand im Dunkeln davor. Mit Mama auf dem Arm. Ihre Arme und Beine hingen kraftlos nach unten. Ich habe erst mal das Licht angeknipst, um zu gucken, ob Mama tot ist. Aber dann hat sie ganz leise geflüstert: »Legt mich aufs Sofa.« Ihre Haut schimmerte feucht und sie hatte eine kleine Schürfwunde auf der Stirn. Arthur hat gestottert: »Sie ist mir einfach vors Moped gelaufen!« Und dann hat er Mama wie seine Braut über die Schwelle getragen. Ich habe die Tür hinter ihnen zugemacht und mich gefragt, woher Arthur die Kraft dafür nimmt. Arthur ist sehr zart und zerbrechlich. Alles an ihm ist dünn. So, als ob er nie etwas essen würde. Arthur wiegt bestimmt fast so wenig wie ich. Fünfzig Kilo, mehr nicht. Ich habe einen Blick für das Gewicht von Leuten. Ich sehe mir die Leute an und schon kann ich ziemlich genau angeben, was sie wiegen. Mama wiegt einundsiebzig Kilo. Aber Arthur hat sich überhaupt nicht anmerken lassen, dass Mama zu viel wiegt. Ohne zu schwanken, hat er sie durch den Flur getragen. Jetzt liegt Mama schlaff auf unserem Kolonialsofa, mit dem Arm über den Augen. Arthur sitzt auf dem Kolonialsessel daneben und versteckt das Gesicht hinter seinen Händen: »Sie ist mir einfach vors Moped gelaufen!« Anscheinend wollen die beiden gerade nichts sehen. Ich bleibe im Hintergrund und knabbere an meinen Fingernägeln. Normalerweise darf ich das nicht machen. Mama sagt: »Das sieht schrecklich infantil aus!« Aber im Moment guckt sie ja nicht. Auf unserem Wohnzimmerteppich liegen schon ganz viele von meinen abgekauten Nägeln. »Sie ist mir einfach vors Moped gelaufen!« Was soll ich dazu sagen? Ich habe schon versucht, Arthur zu beruhigen: »Ist nicht so schlimm!« Das kann doch mal passieren, dass einem jemand vor die Maschine rennt. Besonders Mama. Die war ja nicht mehr bei Sinnen, als sie vorhin mit ihren ausgefransten Hausschuhen auf die Straße gerannt ist. Jetzt frage ich mich, was Mama mehr fertig macht: Dass sie Arthur vors Moped gelaufen ist, oder, dass Arthur auf unserem heiligen Sessel sitzt. Arthur ist nämlich nicht der Typ, den man gerne auf dem Sessel sitzen hat. Arthur schleicht nachts über die Dächer und hat etwas längere Haare. »Der nimmt Drogen! Der raubt uns die Bude aus, wenn wir im Urlaub sind!« Den Verdacht hat Papa letzten Sommer geäußert, kurz bevor wir mit dem Auto nach Schweden aufgebrochen sind. »Ich besorg vorsichtshalber noch ein Sicherheitsschloss!« Und dann hat Papa sorgfältig alle Türen verrammelt.

Arthur wohnt ganz alleine nebenan, seit seine Mutter vor einem Jahr an Krebs gestorben ist. Sein Vater war Poli-

3

zist. Und eines schönen Tages hat er »seinen Kollegen erschossen«. Das behaupten jedenfalls die Leute aus der Siedlung. Mama meint: »Da fing das mit der Tablettensucht an!« Und irgendwann hat er sich »in den Kopf geschossen, weil er nicht verkraften konnte, dass er seinen Partner aus Versehen erschossen hat!« sagt Mama. Jetzt, wo Arthurs Eltern tot sind, muss er selber Geld verdienen. Und weil Arthur nur ein bisschen älter ist als ich, hat er noch keinen Schulabschluss. »Darum geht er auf den Strich!« hat Mama neulich gesagt, als sie Arthur morgens beim Müllraustragen getroffen hat. »Der ist gerade erst nach Hause gekommen!« Bei so einem Nachbarn ist es eigentlich fast egal, ob er denkt, dass meine Schwester und ich von Mama und Papa misshandelt werden. Sein Leben ist ja auch nicht besser. Aber da sind ja noch unsere Nachbarn auf der anderen Seite. Die sind garantiert scharf drauf, uns die Fürsorge auf den Hals zu hetzen, weil Papa ihrem Sohn Tobias mal eine gewischt hat. Tobias ist schon zweiunddreißig Jahre alt, wiegt achtundachtzig Kilo und »hat keine Lust zu arbeiten!« sagt Mama. Den ganzen Tag hört er laute »Rums-Musik«. So nennen Mama und Papa das. In der Mittagspause ist es besonders schlimm. Da vibrieren die Wände. Papa war schon ein paar Mal drüben und hat darum gebeten: »dass die verdammte Rums-Musik leiser gedreht wird.« Aber der Sohn von Schwedters kümmert sich einen Scheißdreck um die Lautstärke von seiner »Rums-Musik«. Deshalb hat ihm Papa damals eine gewischt. »Damit er kapiert, dass wir uns nicht alles gefallen lassen!« Seitdem sprechen Schwedters nicht mehr mit uns. Und Mama ist sauer auf Papa, weil er vorher nicht überlegt hat. »Hinterher braucht man mal jemanden, der nach dem Rechten sieht, wenn wir im Urlaub sind! Falls Arthur bei uns einbricht!«

Jetzt braucht Arthur nicht mehr bei uns einzubrechen. Er sitzt ja direkt auf einem von unseren gelobten Ledersesseln. Meine Schwester und ich dürfen da nicht mal ohne Unterdecke darauf sitzen. »Ihr macht nur Flecken auf den Ledersitz!« Nun thront der ungewaschene Arthur da drauf und kann sich ungestört bei uns umsehen. Aber er macht es nicht. Er schüttelt bloß den Kopf: »Sie ist mir einfach vors Moped gelaufen!« Trotzdem habe ich so meine Bedenken. Mama ist kraftlos. Cotsch ist mit dem Fahrrad in der Siedlung unterwegs, und Papa ist auch noch nicht da. Bestimmt steht Arthur gleich auf, vergewaltigt mich und klaut alles, was er zwischen die Finger kriegt. Wahrscheinlich hätte ich bei der Vergewaltigung nicht allzu große Schmerzen. In weiser Voraussicht habe ich mich ja schon mit meinem Tonpenis selbst entjungfert. Das tat vielleicht weh. Ich habe mich einfach zu sehr verkrampft. Und weil ich mich so verkrampft habe, hatte ich Angst, dass ich den Tonpenis nicht wieder rauskriege. In der *Mädchen* habe ich mal gelesen, dass sich manche Frauen beim Geschlechtsverkehr so verkrampfen, dass ihr Geschlechtspartner den Penis nicht mehr aus der Scheide kriegt.

3

In dem Fall muss sich das Pärchen mit dem Notarztwagen ins Krankenhaus fahren lassen. Da kriegt die Frau eine krampflösende Injektion, und der Partner kann wieder rausrutschen. Ich frage mich nur, wie das verhakte Pärchen es anstellt, zum Telefon zu kommen, um einen Krankenwagen zu rufen.

Trotz meiner selbst durchgeführten Entjungferung will ich nicht unbedingt von Arthur vergewaltigt werden. Der würde die Sache bestimmt auf unserem gelobten Wohnzimmerteppich durchziehen wollen. »Der liegt in einem Museum für Möbel aus der Kolonialzeit!« Und Mama müsste zusehen. Außerdem erinnert mich Arthur an Detlef aus *Wir Kinder vom Bahnhof Zoo*. Den Film mussten wir uns mal im Gemeinschaftskundeunterricht auf Video ansehen, damit wir wissen, was auf den Straßen und am Bahnhof so los ist. Und Arthur sieht genauso aus wie Detlef, obwohl der Film schon mindestens hundertfünfzig Jahre alt ist. Arthur trägt so ein enges, kleines Jeansjäckchen mit Adler hinten drauf. Vielleicht ist das die zeitlose Strichermode. Kann doch sein! Mama überlegt garantiert schon, wie sie nachher, wenn Arthur draußen ist, den Sessel desinfiziert. Solche Typen duschen auch nicht so oft. Deshalb wird das schwer! Das gibt auf jeden Fall Flecken. Ich setze mich da in der nächsten Zeit erst mal nicht mehr drauf.

Zwischen Detlef und Arthur ist auch sonst kein großer Unterschied. Arthurs Leben ist bestimmt genauso spannend. Der schlägt Zigarettenautomaten ein, piekt sich auf dem Bahnhofsklo eine Nadel nach der anderen in den Arm und achtet darauf, dass seine Haare schön fettig sind. Zwischendrin macht er sich Sorgen, dass er ein bisschen Geld ranschaffen muss. Am Eingang zum Bahnhof spricht er alte Männer an. »Hallo, ich bin Arthur!« Die nehmen ihn bei der Hand führen ihn in dieses alte, abgeranzte Hotel, und da verkauft Arthur seinen Körper. Wenn Arthur müde ist, fährt er mit seinem Moped nach Hause, fährt Mama über den Haufen und wandert in dem verlassenen Haus herum. Er schleicht durch die leeren Räume, lässt das Licht ausgeschaltet, und zuletzt rollt er sich auf dem Boden zusammen und schläft ein bisschen. Im Traum kommen die alten Männer wieder und machen sich noch einmal über ihn her. Aber Arthur kümmert das nicht. Der ist abgestumpft. Die Geschichte mit seiner Mutter hat ihn kalt gemacht. Wahrscheinlich hat er bei ihr Mund-zu-Mundbeatmung machen müssen.

Ich mache mal ein paar Schritte vor. Oder lieber doch nicht. Sonst fällt ihm wieder ein, dass ich ja auch noch da bin. Dann kommt ihm garantiert die glorreiche Idee, mich doch noch schnell zwischen unseren Kolonialmöbeln ranzunehmen. Vielleicht träumt er nachts von seiner sterbenden Mutter. Kann mir egal sein. Arthur sitzt auf dem Ledersessel, auf den nicht gekleckert werden darf. Bestimmt hat Mama Angst, dass Artur seine Bahnhofsklo-Bakterien darauf verteilt. Wenn man sich auf dem Bahn-

3

hofsklo Rauschgift in die Arme spritzt, achtet man nicht mehr darauf, wo man sich hinsetzt. Nur hinterher, wenn man wieder klar wird, merkt man, dass der Hosenboden nass ist. Mama stöhnt leise.

Und wenn Papa kommt, gibt es Ärger, weil Arthur Mama angefahren hat. Papa mag es nicht, wenn Mama schlaff auf dem Sofa liegt. Sowieso kann er nicht damit umgehen, wenn es einem von uns schlecht geht. Das macht die Sache nicht besser. Aber Papa begreift das nicht. Der ist »emotional verkümmert«. So nennt Mama das, wenn Papa mal wieder nicht begreift, wie ernst die Lage ist. Der sagt:

»Verdammt noch mal, in was für einem Affenstall bin ich hier eigentlich gelandet?!«

Dann fährt Papa wieder ins Geschäft zu seinen Pflanzen. Und Mama sagt:

»Heiratet bloß nicht, Kinder!«

Und dann geht es Mama furchtbar schlecht. Sie weint und lässt sich von meiner Schwester trösten. Sie putzt sich mit einem Stückchen Klopapier die Nase, wischt über ihre verquollenen Augen, und dann wird diskutiert, ob sich Mama von Papa scheiden lassen soll. Meine Schwester ist dafür. Ich dagegen. Schließlich kann Papa nichts dafür, dass er »emotional verkümmert« ist. Das ist die Schuld von seiner Mutter. Eindeutig. Die ist nämlich auch »emotional verkümmert« und wohnt in der siebenundzwanzigsten Etage von einem Hochhaus.

Außerdem tut mir Arthur Leid. Ich glaube, der ist ziemlich verzweifelt. Ist ja auch klar. Der ist schließlich ganz allein auf der Welt und muss seinen Körper verkaufen. Das ist bestimmt nicht so einfach. Irgendwo, tief drinnen, leidet er darunter. Oberflächlich hat er abgeschaltet, aber ganz tief drinnen weiß er, dass er einsam ist.

»Willst du was trinken, Arthur?«

»Was?«

Mama nimmt erschrocken den Arm von den Augen.

»Ich meine, ob Arthur was trinken will?«

Endlich hört Arthur auf, seinen Kopf hin und her zu schütteln. Dafür schüttelt jetzt Mama hektisch ihren Kopf und guckt mich böse an.

»Arthur hat bestimmt noch was zu tun und will gehen!«

»Ja, ich hab noch was zu tun!«

Was soll der denn zu tun haben? Mama ist wirklich dumm. Ich hätte Arthur gerne etwas zu trinken gegeben, damit er weiß, dass ich auf seiner Seite bin. Aber Arthur steht auf und streicht seine Jeans glatt, und das finde ich nun doch ein bisschen übertrieben. Die Hose ist an den Knien ganz ausgebeult. Da kann er sich das Glattstreichen sparen.

»Bring Arthur zur Tür, Liebes!«

Was soll denn jetzt dieses geschwollene Geschwafel? Seit wann nennt mich Mama »Liebes«? Welches Buch liest die denn gerade? Bestimmt wieder so einen historischen Fünfhundert-Seiten-Wälzer, in dem sich alle gegenseitig »Liebes« und »Lieber« nennen. So ein Scheiß! Arthur beugt sich zu Mama runter und reicht ihr seine Hand. »Leb wohl,

3

Geliebte!« könnte er jetzt sagen. »Leb wohl, Geliebter!« könnte Mama jetzt sagen. Leider sagt Mama gar nichts. Sie hebt nur müde ihren Arm und legt ihre Hand in Arthurs Hand. Und sobald Arthur draußen ist, wird sie aufspringen und sich von oben bis unten mit Sagrotan einsprühen.

»Ich wollte Sie wirklich nicht überfahren. Aber ich hab Sie nicht gesehen. Sie hatten kein Licht an!«

Ich glaube, Arthur ist verwirrt. Seit wann haben Fußgänger Licht an?

»Ist schon gut. Ist ja nichts weiter passiert!«

Arthur legt Mamas Hand vorsichtig zurück auf die Sofalehne und streicht noch mal drüber. Verdammt. Das ist intim. Und irgendwie poetisch.

»Dann gute Besserung!«

»Danke, Arthur!«

Und jetzt lächelt Mama. Ist das zu fassen? Wie kriegt sie das denn hin? Normalerweise lächelt Mama nie, wenn sie sich ekelt. Und Mama ekelt sich sehr oft. Die ekelt sich doch schon, wenn ich beim Essenkochen den Kochlöffel ablecke. Möglicherweise ist Mamas Hirn beim Sturz geschädigt worden. Vielleicht möchten die beiden ja noch ein paar Minuten ungestört für sich haben. Ich könnte anbieten, das Wohnzimmer zu verlassen und Schmiere zu stehen, falls Papa kommt. Bei Mama kenne ich mich sowieso nicht mehr aus, seit Cotsch behauptet, dass sie was mit Rita hat. Das finde ich eklig. Schließlich ist Rita Anfang vierzig, wiegt achtzig Kilo und stinkt nach Ringelblumencreme. Arthur richtet sich auf, streicht sich seine schmierigen Haare zurück und sieht mich an. Nur ganz kurz. Danach guckt er wieder auf den Boden und tritt unruhig von einem Bein aufs andere. Es wird Zeit, dass ich den hier rausbringe. Wer weiß, in was der reingetreten ist.

»Ich bring dich noch zur Tür!«

»Danke!«

Ich gehe voran durch die Glastür, den Flur entlang, durch den Windfang, zur Haustür. Gerade, als ich sie aufmachen will, schließt Papa von außen auf.

»Hallo, Papa!«

»Was ist denn hier los?«

»Nichts. Mama ist nur von Arthur angefahren worden!«

»Was?«

Papa guckt Arthur an. Und Arthur guckt Papa an.

»Guten Abend!«

Papa zieht die Augenbrauen hoch, und ich halte Arthur die Tür auf. Der soll bloß schnell verschwinden, bevor Papa dem eine wischt. Genau wie dem Sohn von Schwedters. Papa ist ziemlich schnell dabei. Arthur scheint ein Gespür dafür zu haben. Eilig zwängt er sich zwischen Papa und der Garderobe vorbei nach draußen. Da steht er auf dem Treppenabsatz und sieht aus, als hätte er so einen verdammten Heiligenschein. Die Laterne, die bei Frau Heidenreich im Vorgarten steht, strahlt direkt auf sein Haupt. Sehr poetisch.

»Ich geh dann mal!«

3

»Bis dann!«

Und Arthur geht. Die Hände in seine engen Jeanshosentaschen gezwängt. Er hat so einen federnden Schritt. Ich schließe die Tür und quetsche mich zwischen Papas Po und der Wand in Richtung Flur.

»Wollte der was klauen?«

»Keine Ahnung!«

»Was wollte er denn hier?«

»Nichts! Er hat Mama mit seinem Moped angefahren. Das ist alles!«

»Wo ist Mama jetzt?«

»Die liegt auf dem Sofa!«

»Schon wieder?«

»Hm!«

Papa stellt seine Schuhe in den Schuhschrank und hängt seine Jacke auf. Dabei lässt er sich schön viel Zeit. Ich wundere mich, dass er nicht gleich wieder seine Jacke anzieht und ins Geschäft zurück fährt. Manchmal glaube ich, dass Papa gar nicht ins Geschäft fährt. Ich glaube viel eher, der geht in seiner Freizeit zu Prostituierten. Vielleicht weiß Arthur mehr darüber, als Papa lieb ist. Kann doch sein, dass sich die beiden schon mal am Bahnhof begegnet sind.

»Ist das Abendessen fertig?«

Papa schließt die Windfangtür hinter sich, geht den Flur entlang und verschwindet im Klo. Dabei lässt er die Tür offen stehen, und ich höre, wie er pinkelt. Ich bleibe neben meiner gelb gestrichenen Kinderzimmertür stehen. Bei

uns ist alles gelb gestrichen. Gelb ist Papas Lieblingsfarbe. Sogar seine Klamotten sind gelb. Die Socken, die Hemden, die Pullover. Alles ist gelb. In Schweden haben sie ihn letzten Urlaub gefragt, ob er ein deutscher Postbote sei. Papas Stimme hallt aus dem kleinen gelb gestrichenen Klo in den Flur hinaus.
»Ist das Abendessen fertig, Lelle?«
»Nee, Mama ist doch angefahren worden!«
Ich weiß jetzt nicht, ob ich mich lieber in mein Zimmer verdrücken soll, oder ob ich Mama beistehen soll, wenn Papa ihr deutlich macht, dass er es »verdammt noch mal nicht leiden kann, wenn das Abendessen nicht rechtzeitig fertig ist!« Ich entscheide mich für die zweite Variante. Nicht, weil ich Lust dazu habe, sondern weil ich glaube, dass es besser ist, wenn ich zwischen den beiden vermittle.

4

Heute Morgen ist Mama ohne anzuklopfen in mein Zimmer gekommen und hat den Vorhang aufgerissen. »Lelle, du musst aufstehen. Du kommst zu spät in die Schule!« Und bevor ich richtig wach war, hat sie schon gemeint: »Ich glaube, ich habe Gehirnblutungen vom Unfall mit Arthur!« Arthur. Von dem habe ich heute Nacht geträumt. Ich weiß nicht mehr genau, worum es ging. Leider. Aber es ist ein schönes Gefühl zurückgeblieben. Irgendwie sexuell. Und warm. Vielleicht haben Arthur und ich in meinem Traum rumgeknutscht. Ja, ich glaube, das wars. Lippe an Lippe. Zunge an Zunge. Dann hat mir Mama meine geblümte Bettdecke weggezogen und gesagt: »Übrigens ist heute Abend drüben in der Grundschule die Ausstellungseröffnung vom Künstler. Willst du mitkommen?« Das war mal eine erfreuliche Nachricht am frühen Morgen. Die Sonne kam durch mein ungeputztes Fenster, und ich dachte: »Vielleicht habe ich Glück, und Arthur kommt auch!«

Aber bevor es heute Abend losgeht, erhole ich mich erst mal von der Schule. Vor unserem Haus springe ich vom Fahrrad, klappe den Ständer raus und stelle es direkt vor mein Fenster. Leute, bin ich froh, dass dieser Vormittag

4

für immer vorbei ist. Ich darf gar nicht darüber nachdenken, wieviel Lebenszeit mir tagtäglich von diesen Langweilern gestohlen wird!

Die dicke Katze von Kruses schleicht im Schatten der roten Backsteinmauern entlang. Ihr Fell glänzt fettig, als sie plötzlich rüber zu Schwedters Ginsterbusch rast und darunter verschwindet. Ihre Tatzen sind weiß, und auf dem rot gepflasterten Weg liegen kleine Steinchen.

Wenn ich aus der Schule komme, stelle ich mein Fahrrad immer in unseren Vorgarten. Obwohl ich das nicht machen soll. »Das Fahrrad gehört hinten in den Schuppen. Hier vorne wird das doch nur geklaut!« sagt Papa immer. Aber wer, bitte schön, soll mein altes Fahrrad klauen? Arthur hat ein Moped. Der braucht kein Fahrrad. Außerdem wäre das ja wohl etwas auffällig, wenn der ab morgen auf meinem Fahrrad rumstrampeln würde. Also gibt es keinen Grund, warum ich das Fahrrad nicht vor meinem Fenster abstellen soll. Und genau das mache ich jetzt. Ein bisschen darf man seinen Nachbarn schon vertrauen. Das verbessert das Verhältnis. Und ich habe heute Morgen im Religionsunterricht beschlossen, mein Verhältnis zu Arthur zu verbessern.

Ich schließe die Haustür auf, schmeiße meine alte Schultasche in die Ecke vom Windfang und hocke mich ins Wohnzimmer vor den Fernseher. Nach der Schule gucke ich mir immer *Sally* an. Sally ist eine Talk-Show aus Amerika. Das ist die beste Entspannung, die es gibt.

4

Außerdem lernt man mal so ganz nebenbei ein paar brauchbare Vokabeln, die man später zur Entschlüsselung von Songtexten verwenden kann. In der Schule läuft in dieser Hinsicht leider gar nichts. Bei Sally sitzen heute nur Frauen mit unglücklichen Gesichtern auf der Bühne. Gleich werden sie ganz offen über ihre schrecklichen Schicksale sprechen und in Tränen ausbrechen. Genial. Sally ist die Moderatorin und jedes Mal hat sie eine andere bunte Brille auf der Nase. Ich stehe total auf Sally. Egal, wie heiß es hergeht, Sally bleibt immer gelassen. Außerdem ist sie immer wahnsinnig interessiert an den Problemen der Gäste. Die Zuschauer auch. Und ich auch. Besonders heute. Dieses Mal geht es um Brustvergrößerung. Die Frauen, die bei Sally auf der Bühne sitzen, hatten alle Pech mit ihrer Vergrößerung. Der einen Frau ist sogar eines Tages die Brust implodiert. Wie das dann aussieht, wird auch gezeigt. Sally meint ganz lieb: »Monica, could you please show us how your breast looks now!« Monica nickt mit großen Augen und über ihre Wangen laufen Tränen. Sally stellt sich neben sie, legt ihr aufmunternd die Hand auf die Schulter und sagt mit so einem ernsten Unterton in der Stimme: »I know, we know, it must be hard for you. You are a very courageous woman. Can we have some applause for Monica?« Die Zuschauer pfeifen, trampeln mit den Füßen, klatschen in die Hände und treiben Monica an, dass sie endlich ihre implodierten Brüste zeigt. Ich kaue an meinen Fingernägeln rum, lehne mit dem Rücken gegen das Sofa

4

und denke: »Los, Monica. Show us your imploded breast!« Ich hoffe ganz doll, dass Monica ihr rosa T-Shirt hochzieht. Aber stattdessen hält sie nur so ein verwackeltes Foto in die Kamera und flennt richtig los. Sally reicht ihr ein Taschentuch und lobt: »Thank you, Monica. We are all with you. You know, it's important that every woman in the world knows what can happen when you get implantations!« Monica nickt wieder und lächelt tapfer. Ihre geplatzte Brust auf dem Foto sieht richtig scheiße aus. Ich kann genau erkennen, dass Monica gar keine Brust mehr hat. Nur noch ein paar Hautfetzen, die zusammengenäht worden sind. Das Ganze sieht wie so eine zerbombte Hügellandschaft aus. Wenn dir so etwas widerfährt, ist dein Selbstwertgefühl garantiert auf dem Nullpunkt. Du weißt genau: »Wenn ich einen lieben Mann kennenlerne und wir zum ersten Mal intim werden, und ich ihm dann meine implodierte Brust zeige, verlässt er mich sofort. Oh mein Gott, ich weiß einfach, dass ich nie wieder Sex haben werde. Nie wieder wird mir ein liebevoller Mann zärtlich über meine Brust streicheln. Ich bin nichts mehr wert. Ich bin so verzweifelt!«

Papa war gestern Abend auch verzweifelt, als ihm klar wurde, dass Mama schon wieder schwach auf dem Sofa liegt. In der Küche hat er sich im Stehen eilig den Salat reingepfiffen, um ganz schnell in den Keller zu seinen Schuhen verschwinden zu können. Mit dem Kopf hing er über der Salatschüssel, hat die Gabel in die Faust genommen und losgeschaufelt. Dabei ist die Salatsoße an seinen Mundwinkeln runtergelaufen und auf die gelb beschichtete Arbeitsplatte neben die Schüssel getropft. Eigentlich ist Papa ein ganz kultivierter Typ, aber wenn er es eilig hat, kann es schon mal eklig werden. Ich habe mich solange auf den reparierten Korbhocker neben dem Kühlschrank gesetzt und lieb gelächelt. Wenn Papa da ist, lächle ich meistens lieb. Der steht da drauf. Und solange ich lieb lächle, fällt es ihm schwer, Mama vor mir fertig zu machen. Es war aber auch gar kein Problem, lieb zu lächeln, weil ich die ganze Zeit an Arthur denken musste.

Sally ist aus. Die Gäste stehen von ihren Stühlen auf. Der Abspann läuft. Ich schalte den Fernseher ab und strecke mich. Ich frage mich, wo Mama bleibt. Eigentlich müsste sie schon längst da sein. Die kommt immer um zwei Uhr aus dem Geschäft. Aber sie wollte heute Morgen noch zum Arzt gehen, um ihren Kopf untersuchen zu lassen. »Ich glaube, ich habe Gehirnblutungen vom Unfall mit Arthur!« Jetzt ist Mama nicht da und vielleicht hatte sie wirklich Gehirnblutungen und liegt im Krankenhaus. Ich glaube, an Gehirnblutungen kann man sogar sterben. Ich hoffe, Mama stirbt nicht, bevor ich mich von ihr mit einem Kuss verabschiedet habe. Eigentlich will ich überhaupt nicht, dass Mama stirbt. Mama hat ganz warme weiche Haut auf den Armen. Und überhaupt keine Härchen. Ich schon. Ich habe ganz viele blonde Härchen auf den Armen. Einmal habe ich die sogar abrasiert. Da waren meine

Unterarme genauso glatt wie die von Mama. Aber ich kann mir die ja nicht ständig rasieren. Mama sagt: »Rasiert euch bloß nicht die Beine, Kinder! Frau Seifert hat so viele Haare auf den Beinen, weil sie sich die als junges Mädchen immer abrasiert hat!« Und Frau Eisenblut, die gegenüber wohnt, hat Hühneraugen an den Zehen. So richtig dicke Dinger. Im Sommer kann man die ganz wunderbar betrachten, weil Frau Eisenblut dann immer Sandaletten anhat. Ihre Zehen schieben sich ganz eng übereinander und auf jedem Zeh ist ein dickes, hässliches Hühnerauge. »Das liegt daran, weil sie als junges Mädchen immer so spitze Schuhe angehabt hat!« meint Mama.

Die Sonne malt kleine helle Kringel auf den flauschigen Teppich und meine nackten Füße. Für einen Moment sehe ich aus dem Fenster. Die Akazie blüht. Die weißen Laken auf der Wäscheleine flattern leicht im Wind. In meinem Kopf rauscht es. Das passiert immer, wenn ich zu schnell aufstehe. »Das ist dein Kreislauf!« sagt Mama. »Du musst mehr essen!« Ich lasse mich rücklings über die Lehne aufs Sofa fallen und erinnere mich zurück, wie sich das damals angefühlt hat, beim Abendbrot auf Mamas Schoß zu sitzen. Als ich klein war, habe ich viele Käsebrote mit Kresse gegessen. Das hat gut geschmeckt. Nach dem Essen habe ich mich auf Mamas Schoß gesetzt und mich an sie gedrückt. Da habe ich mich sicher gefühlt. Alles war gut. Im Teestövchen aus Schweden hat die Kerze unter der Teekanne aus Schweden gebrannt. Und ich dachte, Mama

4

macht alles gut und rettet mich vor der bösen Welt. Ich dachte, Mama ist mindestens so mächtig wie Gott. Aber das denke ich schon lange nicht mehr. Ich setze mich jetzt nicht mehr auf ihren Schoß. Auch, wenn sie das manchmal gerne hätte. Ich fände es schön, wenn mir jemand über den Rücken streichen würde. Mit so einer Hand. Papas Hand können wir gleich abhaken. Schließlich rutscht sie ihm ab und zu mal aus.

Papa hat Mama auch schon mal eine gescheuert. Daran will ich jetzt nicht denken. Ich will an die Hand denken, die über meinen Rücken streichen soll, und mir fällt echt keine ein. Außer die von Arthur. Der hat schöne Hände. Als er Mama die Hand gegeben hat, ist mir das aufgefallen. Da war nichts Abstoßendes dran. Also keine langen dreckigen Fingernägel. Oder Warzen. Oder weiß der Geier was. Aber vielleicht bilde ich mir das auch nur ein, weil ich nicht weiß, an welche Hand ich sonst denken soll.

Ich geh jetzt mal vor die Tür und gucke, ob Arthur zu Hause ist. Ich habe nicht vor zu klingeln. Ich will nur sehen, ob sein Moped am Straßenrand geparkt ist. Wenn es da steht, ist Arthur zu Hause.

Ich trete aus der Haustür, gehe die Stufen runter und stehe in der Mitte vom rot gepflasterten Weg, der zwischen den Häuserreihen entlang führt. Auf der rechten Seite vom Weg grenzen die hübsch gepflegten Vorgärten an. Alle Gärten sind gepflegt, weil die Frauen von den Männern Hausfrauen sind und nicht viel anderes zu tun haben,

4

als gelangweilt zu sein und die Vorgärten zu pflegen. Jeden Morgen, wenn ich mit dem Rad zur Schule fahre, stehen die Frauen mit ihren Hüten in den Vorgärten und schnippeln an den Hecken und Rosenbüschen herum. Wir sind die einzige Familie, bei der Papa im Vorgarten steht und rumschnippelt. Allerdings nicht morgens, sondern nachmittags, jeden Sonntagnachmittag. Nur der Vorgarten von Arthur ist total runtergekommen. Da verdorrt ein mickriger Rosenstrauch. Sonst nichts. In den anderen Vorgärten ist fein der Rasen gemäht und sind kleine bunte Blumenrabatten angelegt. Bei Arthur sieht es einfach nur trocken und tot aus. Auf der gegenüberliegenden Seite vom Weg zieht sich eine rote Backsteinwand entlang, bis zur Straße. Dahinter befindet sich Frau Heidenreichs Wohnzimmer, ihr Garten und die Garage. Am Ende vom Weg liegt die schmale, grau asphaltierte Straße. Und da steht auch Arthurs Moped in der Mittagssonne, mit dem er Mama gestern Abend angefahren hat.

Arthur ist also zu Hause. Was der wohl gerade macht? Ich könnte ganz ungezwungen durch den Briefschlitz in seiner abgeblätterten Haustür spähen. Vielleicht entdecke ich ihn, wie er mutterseelenallein auf einer alten Matratze in der hintersten Zimmerecke liegt. Die Matratze ist das Einzige, was ihm geblieben ist. Den Rest von der Einrichtung haben die Gerichtsvollzieher rausgeholt, als seine Mama im Sterben lag. »Arthurs Mutter konnte ja nicht mehr arbeiten gehen, als sie so schwer krank war!« hat

4

Mama mal gesagt. »Ich hab überhaupt keine Ahnung, wovon Arthur lebt.«

Ich mache jetzt mal ein paar Schritte auf Arthurs Haustür zu. Alle Haustüren in der Siedlung sind weiß lackiert. Die von Arthur war auch mal weiß lackiert. Jetzt ist der Lack abgeplatzt, und ich wundere mich, dass bei dem noch nicht die Bürgerinitiative angeklopft hat, um ihm Bescheid zu geben, dass er Sorge tragen muss, dass seine verdammte Haustür ordentlich lackiert ist. So wie alle Türen, weil das Gesamtbild sonst nicht stimmt.

Rechts und links von der abgeblätterten Haustür sind die Jalousien runtergelassen. Ich mache noch einen Schritt nach vorn. Jetzt stehe ich direkt vor der kleinen Treppe, die zum abgeblätterten Eingang führt. Ich bin ganz in Arthurs Nähe. Die Frage ist, liegt Arthur oben im Haus auf seiner Matratze? Oder im Erdgeschoss? Oder sogar im Keller? Ich hoffe, er liegt im Wohnzimmer auf seiner Matratze, dann könnte ich ihn durch den Briefschlitz beobachten. Vorausgesetzt, die Wohnzimmertür von Arthur ist genau wie unsere aus Glas. Aber alle Wohnzimmertüren in der Siedlung sind aus Glas. Also wird es bei Arthur nicht anders sein. Ich gehe in die Hocke, knie mich auf Arthurs schmuddeligen Fußabtreter und hebe die Klappe vom silbernen Briefschlitz an.

»Geh sofort da weg!«

Das war ja klar, dass Mama auftaucht, wenn es mal spannend wird.

4

»Lelle, geh da weg!«
»Warum denn?«
»Man guckt nicht bei fremden Leuten durch den Briefschlitz!«
»Das ist doch nur der Briefschlitz von Arthur!«
»Trotzdem nicht! Wer weiß, was der gerade macht!«
»Genau das will ich ja wissen!«
»Mach das nie wieder, verstanden?!«
»Mal sehen!«
Mama steht mit ihrer Tasche über der Schulter in der Mitte vom Weg und hat ihre Jacke über den Unterarm gehängt. Außerdem hat sie eine neue Frisur mit Locken.
»Hast du Hunger?«
»Nö!«
»Dann mach ich gleich mal was zu essen!«
»Ich dachte, dir ist was passiert!«
»Was soll mir denn passiert sein?«
»Ich dachte, du hast Gehirnblutungen wegen dem Unfall von gestern!«
»Ach was. Ich war nur noch schnell beim Friseur!«
»Sieht gut aus!«
Ich trotte hinter Mama ins Haus, und gerade weiß ich nicht, ob ich froh sein soll, dass sie keine Gehirnblutungen hat. Mama hat mir die Tour vermasselt. Hat mich von Arthur weggeholt. Mama will ja sowieso nicht, dass ich in die Nähe von Jungs gerate. Mama sagt immer: »Du bist mein kleines Mädchen.« Und dann versucht sie mich auf ihren

Schoß zu ziehen. Leute, meine Mama braucht echt Körperkontakt. Den hatte sie gestern mit Arthur. Schön. Und ich darf keinen haben. Vielleicht sollte ich mich einfach auch von Arthur anfahren lassen.

5

Heute habe ich Mama nicht wie sonst beim Mittagessenkochen geholfen. Ich bin gleich in meinem Zimmer verschwunden, habe mich aufs Bett gelegt und meine Lieblings-CD gehört. *Misplaced Childhood.* Ganz klein habe ich mich zusammengerollt. Wie ein Baby im Bauch der Mutter. Ich habe gegen die Raufasertapete gestarrt, dahin, wo ich immer mit meinen abgekauten Fingernägeln die kleinen eintapezierten Schnipselchen abpuhle. Ich habe überlegt, was passiert wäre, wenn Arthur vorhin seine abgeblätterte Haustür aufgemacht hätte, bevor mich Mama auf seinem Fußabtreter erwischt hat. »Geh sofort da weg!« Mamas Stimme hallt in meinem Kopf. »Do you remember chalk hearts melting on a playground wall.« Singen die von *Marillion.* Vielleicht hätte mir Arthur seine Hand gereicht. »Komm rein!« hätte er mit einem Lächeln gesagt. Ich hätte auch gelächelt. Mit meiner Hand in seiner Hand wäre ich ihm ins Haus gefolgt. »Do you remember barefoot on the lawn with shooting stars.« Da hätten wir uns in sein Zimmer auf die alte Matratze setzen können, auf der seine Mutter gestorben ist. »Do you remember loving on the floor in Belsize Park.« Wir hätten uns an die Wand lehnen und Zigaretten rauchen können. »So sorry

5

I never meant to break your heart.« Singen die von *Marillion*. Allein in einem Haus mit fünf Zimmern. Zu zweit auf einer Matratze.

Arthurs T-Shirt sieht weich aus. Ich möchte mein Gesicht darüber reiben. Seine Unterarme liegen auf seinen angewinkelten Knien. Sein Rücken ist gewölbt, seine Brust eingefallen. Er hat keine Socken in seinen weißen Turnschuhen an. In Turnschuhen sollte man besser Socken tragen. Sonst fangen die an zu stinken. Genau, wie meine indischen Schläppchen mit der Teersohle. Arthur lächelt mich im einfallenden Sonnenlicht an. Die Amseln singen draußen vor dem angekippten Fenster. »Do you remember the cherry blossom in the market square.« Arthur hat ganz wenig Härchen auf seinen Unterarmen. Wie Mama. Draußen verschwindet die Sonne orange hinter den Häusern. Wir sitzen im Dämmerlicht. Ganz dicht beieinander. Die weißen Jalousien vor den Fenstern sind hochgezogen. Die Laterne, die im Vorgarten von Frau Heidenreich neben dem Baum steht, strahlt zu uns ins Zimmer. Nur ein leichter gelber Schimmer liegt über uns. Ich atme tief ein und neige meinen Kopf in seine Richtung. Ich würde Arthur gerne küssen. Liegt Arthur nachts nackt auf seiner Matratze? Oder hat er eine Unterhose an? Sein T-Shirt ist hinten hochgerutscht und legt den Rücken frei. Ich lehne mich zurück. Ich sehe Arthurs schmale Taille. Seine unteren Rippenbögen und die Wirbelsäule. Die Wirbel scheinen sich fast durch die glatte, gebräunte Haut zu bohren.

So dünn ist Arthur. »An dir holt man sich blaue Flecken!« sagt Mama immer, wenn sie sich an mich drückt. »Guck mal, wie deine Knochen rausgucken. Irgendwann bohren sie sich durch deine Haut!« Hier bei Arthur ist es wie im Urlaub. Ganz viel Ruhe. Ich glaube, hier will ich erst mal bleiben.

»Mittagessen ist fertig!«
Plötzlich steht Mama mitten im Zimmer und dreht die Musik leiser.

»Du hast ja immer noch deine Dreckhose an!«
»Ich zieh die gleich aus!«
»Nein, jetzt!«
»Gleich!«
»Weißt du eigentlich, wie viele Bakterien da dran kleben?«
»Mann, ich zieh die gleich aus!«
»Du verteilst die ganzen Durchfallbakterien hier im Haus!«

Mama bleibt so lange in der Mitte von meinem beschissenen Kleinkinder-Spielzimmer stehen, bis ich mich aus meiner Hose geschält habe. Das ist ziemlich erniedrigend. Ich will mich nicht vor Mama ausziehen. Das ist mir einfach zu intim. Das geht Mama gar nichts an, wie ich unter meiner Durchfall-Dreckhose aussehe. Aber Mama glotzt mir unverschämt dabei zu und bemerkt als Nächstes:

»Du musst mal was essen!«
»Mach ich doch!«

»Aber nicht genug!«
»Doch!«
»Nein. Du siehst aus wie ein Skelett!«
»Ist doch schön!«
»Was soll daran schön sein? Deine Lehrer denken bestimmt, du kriegst zu Hause nichts zu essen!«
»Kriege ich ja auch nicht!«
»Was soll das denn heißen? Ich koche doch wohl jeden Tag für euch!«
»War doch nur ein Scherz!«
»Ich komme aus dem Geschäft und dann koche ich für euch. Und jetzt sagst du, ich koche nicht für euch!«
»Mama, das war ein Scherz!«
»Essen ist gleich fertig!«

Mama haut mit diesem enttäuschten Gesichtsausdruck in die Küche ab, und mir wird so schlecht, dass ich gar nichts mehr essen will. Da ist sie echt selbst dran schuld. Die Musik ist aus. Mein Traum ist aus. Und ich stehe in meinen hässlichen Unterhosen da.

Mama kauft uns immer gerippte Baumwollunterhosen. Die zeichnen sich hässlich am Po ab. Aber Mama meint: »Die sind gesund!« Von anderen Unterhosen kriegt man angeblich eine Pilzinfektion. »Dieses mistige Plastikgewebe ist ein Verbrechen an den Schleimhäuten!« sagt Mama. Darum müssen Cotsch und ich mit diesen fiesen Dingern rumrennen. Richtig grausam wird es beim Sport. Da haben wir enge schwarze Turnhosen an, und jeder kann sehen, was für riesige Oma-Unterhosen wir darunter tragen. Cotsch hat sich heimlich schon ein paar andere Teile mit Spitze gekauft. Die versteckt sie unter ihrem Sofa und zieht sie zu besonderen Anlässen an. Rot mit löchriger Spitze! Cotsch versteckt auch noch andere feine Sachen unter ihrem Sofa. Da ist richtig guter Stauraum für geheime Sachen. Ich weiß das, weil mir mal mein Hausschuh unter das Sitzmöbel gerutscht ist. Als ich mich davor gekniet habe, um den Schuh wieder rauszuziehen, habe ich aus Versehen das Versteck entdeckt. Da unten liegen auch noch Tampons. Und dünne Binden. Gegen solchen Firlefanz hat Mama auch etwas zu melden: »Diese dünnen Binden verrutschen doch nur und dann blutet ihr eure Unterhosen voll!« Nur weil Mama sich immer diese Windeln in die Unterhosen klebt, soll Cotsch das auch machen. »Ebenfalls ein Problem beim Sport!« sagt Cotsch. »Da sieht ja jeder gleich, dass ich meine Tage habe. Diese ekligen Binden sind so dick, dass man sich wie so ein beschissenes Baby fühlt!« Aber Mama kennt kein Erbarmen. »Tampons sind ungesund!« Und Cotsch meint: »Mama kann einfach den Gedanken nicht ertragen, dass ich mir einen Tampon unten rein schiebe!« Und ich glaube, Cotsch hat Recht. Mama kann sowieso nicht ertragen, dass wir langsam älter werden. Die sagt zu mir: »Du sollst mein kleines Mädchen bleiben!« Und dann versucht sie, mich auf ihren Schoß zu ziehen. Das ist doch nicht normal. Genau wie diese eine Verrückte, von der ich in der *Mäd*-

chen gelesen habe. Das war so ein Bericht über eine Mutter, die ihrem achtjährigen Sohn noch die Brust gibt. Würg!

Schnell ziehe ich mir meine weite Stoffhose an. Die habe ich mir letzten Sommer oben in Mamas Zimmer an der Nähmaschine selbst genäht. Früher hat Mama für Cotsch und mich Kleider genäht. Mama kann das ziemlich gut, und wenn sie Lust hatte, hat sie noch was Schönes vorne draufgestickt.

Als ich ins Wohnzimmer komme, sitzen Cotsch und Mama schon am Tisch. Vor vollen Tellern. Messer und Gabeln in den Fäusten. Fertig zum Losschaufeln.

Das Mittagessen ist die Hölle! Ich sitze vor meinem Teller mit den riesigen Möhrenstücken und Mama sagt: »Die tun dir doch nichts. Iss wenigstens ein paar Möhren. Die sind gut für dich!« Mama klingt ungeduldig und streng. Am liebsten würde ich heulen. Obwohl ich mich normalerweise weigere zu heulen. In meiner Familie heulen ja sonst schon alle. Mama. Cotsch. Da muss ich nicht auch noch heulen. Aber als Mama mich wieder zwingt, die Möhren in mich reinzustopfen, würde ich am liebsten heulen, weil mein Körper die echt nicht in sich haben will. Es ist fast so, als würde mein eigenes Herz dort auf dem Teller liegen, und ich müsste es mit Messer und Gabel zerkleinern und aufessen. Mein Magen ist wie zugeschnürt, und die ganzen Möhrenstücke kleben in meinem Hals fest. Cotsch sitzt auf der anderen Seite vom Tisch und drückt sich ordentlich Nudeln und Soße und Möhren rein. Dann hält sie

5

Mama ihren Teller zum Nachfüllen hin und sagt zu mir: »Das nervt total, wie du dich anstellst. Du willst ja nur, dass sich alle Sorgen um dich machen. Zum Kotzen ist das!«

Ich renne die Treppe hoch ins Badezimmer, beuge mich über die Kloschüssel und stecke mir immer wieder den Finger in den Hals. Die Möhren wollen nicht wieder rauskommen. Die Tränen schießen mir in die Augen, ich bohre in meinem Hals rum, bis hinten alles brennt. In der Badewanne haben Cotsch und ich früher immer zusammen gebadet. Das war lustig. Wir haben probiert, mit offenen Augen zu tauchen. Irgendwann zittere ich nur noch. Meine Hände und Füße sind kalt. Und ich lege mich auf den gelben Badewannenvorleger, mit dem Kopf neben den gelben Klobürstenhalter mit der gelben Klobürste und denke: »Scheißmöhren! Scheißmöhren!«. Die Möhren in meinem Hals und in meinem Magen machen mir Angst, und hätte ich einen Wunsch frei, würde ich mir wünschen, dass eine gute Fee mit ihrem Zauberstab kommt und die Möhren aus meinem Körper zaubert. Aber es kommt keine gute Fee. Stattdessen kommt Mama die Treppe hochgespurtet, hämmert an die gelb gestrichene Badezimmertür und fragt streng:

»Lelle, was machst du da drinnen?«

»Ich schlafe!«

»Wieso schläfst du im Bad?«

»Weil's hier gemütlich ist!«

5

»Komm raus! Im Bad ist es nicht gemütlich!«
»Das weißt du doch gar nicht!«
»Liegst du etwa auf den kalten Fliesen?«
»Nein, auf dem Badewannenvorleger!«
»Du erkältest dich! Komm raus!«
»Nein!«
»Hast du dich übergeben?«
»Quatsch!«
»Ich zähle bis drei, dann bist du draußen!«
Bei so viel Durchsetzungsvermögen erschrecke ich mich richtig. Mama ist gar nicht so zart besaitet wie sonst. Ich rappel mich auf, drehe den Schlüssel rum und schleiche auf den Flur. Da muss ich blöde grinsen. Und Mama sieht gar nicht so aus, als wäre ihr zum Grinsen zu Mute. Ich glaube, am liebsten würde sie mir eine schmieren. Ihre Augen sind zu schmalen Schlitzen zusammengezogen. Sie packt mich am Arm und presst zwischen den Zähnen hervor:
»Hauch mich an!«
»Was?«
»Hauch mich an!«
»Warum?«
»Ich will wissen, ob du dich übergeben hast!«
»Ich hab mich nicht übergeben!«
»Hauch mich an!«
»Nein!«
»Verdammt noch mal! Hauch mich an, oder ich lass

5

dich ins Krankenhaus einweisen. Da wirst du zwangsernährt!«

Ich hauche Mama an. Und Mama schnuppert. Und da ist ja tatsächlich nichts zu riechen. Das Einzige, was zu riechen ist, ist der klebrige Ginsterduft von Schwedters blühendem Ginsterbusch, der durch die offenen Oberlichter im Flur hereinströmt. Ich sehe hoch zu den offenen Fenstern, und der Himmel ist blau. So blau und ohne Wolken. Ich fühle mich kaputt und dreckig. Und dann kriege ich Angst, weil Mama sagt:

»Wenn du so weiter machst, bist du bald tot!«

Mit diesem Satz lässt sie mich im Flur stehen und geht wieder die Treppe runter. Auf dem Zwischenabsatz dreht sie sich noch einmal um und sagt:

»Ich warte unten auf dich, damit wir endlich mal deine ganzen Schulunterlagen sortieren können. Ich hab dir ein paar alte Ordner von Papa aus dem Keller geholt!«

Mama marschiert in die Küche, und ich setze mich auf die Kommode im Flur und starre auf meine blau angelaufenen Füße. Ich will keine blauen Füße haben und auch nicht sterben. Draußen ist es so schön und ich hocke hier drinnen und zittere. »Do you remember barefoot on the lawn with shooting stars.« Außerdem wundere ich mich über Mamas Metamorphose. Die kommt mir ganz verwandelt vor. Plötzlich ist sie richtig streng, und vielleicht liegt das an ihrer neuen Frisur. Vielleicht denkt sie: »Neue Frisur,

5

neuer Mensch!« Irgendwie scheint das bei ihr zu funktionieren.

Mama und ich bringen den ganzen Nachmittag damit rum, im Garten, unter der Pergola meine »Zettelwirtschaft« zu sortieren. Das ist richtig anstrengend und unangenehm, weil auf meinen ganzen Kopien und Matrizen tausend kleine Kugelschreiberzeichnungen von ausgehungerten Menschen mit langen Armen und Beinen sind. Die male ich meistens, wenn mir im Unterricht langweilig ist. Und mir ist immer langweilig. Außer im Kunstunterricht. Da kann ich meine Passion voll ausleben. Egal, was das Thema ist, irgendwie kriege ich immer die Kurve zu meinen ausgemergelten Kreaturen. Mein Kunstlehrer hat Mama beim Elternsprechtag schon mal drauf angesprochen. Und dann hat er noch gefragt, warum ich immer meine dicke Jacke im Unterricht anbehalte. Er hätte dass Gefühl, die Jacke sei mein Schutzpanzer. »So ein Scheiß!« habe ich zuerst gedacht, als Mama mir die Unterredung wortwörtlich wiedergegeben hat. Aber abends im Bett habe ich noch mal drüber nachgedacht und bin zu dem Schluss gekommen, dass Herr Schröder, mein Kunstlehrer, irgendwie Recht hat und voll der Psychologe ist. Auch wenn er immer diesen ekligen weißen Spuckefaden zwischen den Lippen hängen hat, als hätte er gerade Milch getrunken. Auf jeden Fall mag ich ihn seitdem richtig gerne. Und er mich, weil Mama ihm gesagt hat, dass ich krank bin, und dass Kunst mein Lieblingsfach ist, weil ich mich

5

da so gut ausdrücken kann. Manchmal muss ich sogar die Klausuren nicht mitschreiben, weil Herr Schröder nicht will, dass ich mich mit dem Lernen von dem ganzen Stoff überanstrenge. »Das bleibt natürlich unter uns, Lelle!« Dafür bietet er mir an, dass ich ein kleines Referat halte. Über Picasso oder so. Das mache ich gerne. Mama schreibt das Referat für mich, und ich lerne es auswendig.

Die weißen Blüten der Akazie segeln still auf uns und den Gartentisch. Manche von ihnen bleiben in Mamas neuen Locken hängen, und fast sieht es so aus, als wäre Mama in ein kleines Schneegestöber geraten. Komischerweise sagt sie gar nichts zu den »Schmierereien« auf meinen Bio- und Physikblättern. Sie nimmt die Blätter in die Hand und locht sie mit dem weißen Locher. Und ich muss sie den verschiedenen Fächern zuordnen. Als wir mit dem Abheften fertig sind, gibt Mama mir einen Kuss auf die Wange und lächelt mich lieb an: »Du bist mein Lieblingskind! Aber sag's nicht weiter!« Da muss ich auch lächeln, und tief drinnen merke ich, wie lieb ich Mama habe. So lieb, dass ich ihr eigentlich alles recht machen will. Und am liebsten würde ich für sie einen Teller Nudeln essen. Aber das schaffe ich nicht, egal, wie sehr ich ihr den Gefallen tun würde. Tatsächlich, immer wenn ich Mama frage, was sie sich zu Weihnachten oder zum Geburtstag wünscht, sagt sie: »Ich wünsche mir, dass du mal einen Teller Nudeln isst!«

Mama will mit dem Fahrrad noch schnell zu Edeka

5

zum Einkaufen fahren. Sehr gut. Dann wissen wir ja, was ich als Nächstes zu tun habe. Ein bisschen auf dem Weg vor Arthurs Haustür rumspazieren. Solange Mama nicht da ist, kann sie mich auch nicht erwischen und wegzerren. »Geh sofort da weg!« Genial! Ich glaube, Mama hat wirklich Angst, dass ich mit schmuddeligen Dingen zu tun bekommen könnte, sobald ich mit Arthur in Berührung komme. Mit so etwas wie Sex! Pst! Ich glaube, Mama kommt immer extra noch mal in mein Zimmer, nachdem ich Gute Nacht gesagt habe, damit ich gar nicht erst auf die Idee komme, mir zwischen den Beinen rumzufummeln. Cotsch meint: »Mama rafft überhaupt nicht, dass es sowas wie Selbstbefriedigung gibt. Die hat das nie gemacht!« Wenn Cotsch solche Sachen sagt, sage ich: »Ich mache auch keine Selbstbefriedigung!« Ich will nicht, dass Cotsch denkt, dass ich das mache. Cotsch guckt mich dann ganz mitleidig an und meint: »Dann kannst du dich ja gleich umbringen!« Cotsch hat mit solchen Geschichten überhaupt kein Problem. Sie hat nur ein Problem damit, dass bei uns zu Hause jeder so tut, als ob es so etwas nicht gibt. Bei uns zu Hause darf nur gekuschelt werden. Das ist das Einzige. Mama will nachts mit Papa kuscheln. Aber Papa will nicht kuscheln. Und das ist so schrecklich für Mama, dass sie ab und zu heulend auf der Treppe im Flur hockt und uns davon erzählt. Cotsch meint: »Ach was, kuscheln. Mama will rumbumsen. Das traut sie sich nur nicht laut zu sagen!« Anscheinend findet Papa Kuscheln mit Mama unnötig. Dafür fährt Cotsch auf Rumbumsen voll ab. Vielleicht ist das so eine Protest-Reaktion auf das ganze Totgeschweige hier im Salon. Ich weiß noch nicht, ob ich auf Rumbumsen stehe.

Mama verschwindet mit ihrem Stoffbeutel im Schuppen, schiebt ihr Fahrrad raus auf den Hof und winkt.

»Ich beeile mich. Ich bin gleich wieder da!«

Schnell meine geordneten Schulsachen in mein Zimmer schleppen, wieder meine Dreckhose anziehen und vor Arthurs Haustür rumspazieren. Vielleicht kommt er ja raus und wir können uns ein bisschen unterhalten.

»Na, wie geht's?«

»Gut. Und dir?«

Ich bin richtig auf Arthur fixiert. Arthur, Arthur, Arthur. Als hätte es in meinem Leben nie etwas anderes gegeben. Zum Schluss artet das noch so aus wie bei Alina. Mit der bin ich zusammen in die achte Klasse gegangen. Die hatte kurze X-Beine. Kann sie ja nichts dafür. Aber während sich alle anderen Mädchen in irgendwelche Typen aus der Oberstufe verknallt haben, musste sie sich ausgerechnet in eine Oberstufenschülerin verknallen. Jawohl! In Tatjana. Die ging damals in die elfte Klasse und war mit diesem schwitzigen Peter aus der zwölften zusammen. Der hatte ganz schlimm Akne und auch X-Beine. Aber das war Alina egal. In jeder Pause ist sie sofort zur Raucherecke gerannt, wo Tatjana ohne Scham mit ihrem Freund rumgeknutscht hat. Und ich musste mitrennen, weil Alina damals meine beste Freundin war. Das war vielleicht langweilig. Jeden Tag mussten wir Tatjana beim Rumknutschen in der Raucherecke beobachten. Und damit das Ganze nicht so auffällt, hat Alina einfach auch angefangen zu rauchen. Und weil ich mein Pausenbrot in den Abfalleimer geschmissen habe und den Hunger bekämpfen wollte, habe ich direkt auch mit dem Rauchen angefangen. Alina und ich haben im Abseits gestanden, aufgepasst, dass uns keiner von den Lehrern entdeckt, und haben Tatjana durch den nebligen Qualm observiert. Tatjana hatte so eine merkwürdige Frisur. Vorne waren die Haare kurz abgeschnitten und hinten lang gelassen. Blonde Strähnchen hatte sie auch. Und alles hat sie sich mit ganz viel Haarspray in alle Richtungen gesprüht. »Die sieht simpel aus!« hätte Mama über Tatjana gesagt. Eines Tages kam Alina mit der gleichen Frisur wie Tatjana in die Schule. Und plötzlich hatte sie die gleichen Klamotten wie Tatjana an und irgendwann hat Alina angefangen, Tatjana vor und nach der Schule aufzulauern, hat auf ihr Federmäppchen geschrieben: »Tatjana ist süß«. Die war richtig durchgeknallt. Und immer, wenn sie Tatjana am Fahrradständer gesehen hat, hat sie angefangen zu kichern und zu erzählen, wie süß sie Tatjana findet. Scheiße, Alina war voll drauf auf dem Tatjana-Film. Das ging zwei Jahre so. Alina hat sich auch nicht geschämt, ihre Obsession ganz offen auszuleben. Irgendwann ist sie sogar losmarschiert und hat Pullover und T-Shirts geklaut, um für Tatjana besser auszusehen. Jeder wusste davon, ausgenommen Tatjana. Die ist mit ihrer komischen Frisur und ihrem noch komischeren Akne-Freund rumgerannt und hat nicht geschnallt, dass es eine Doppelgängerin von ihr gibt. Die Alina. Na ja. Hauptsache, bei mir schlägt diese Psycho-Krankheit nicht zu.

6

Mama steht am verglasten Eingang zur Schulaula und nickt ununterbrochen mit dem Kopf. Ihre neuen Locken wippen dabei hoch und runter. Neben Mama steht der Künstler. Jeder nennt ihn nur: »den Künstler«. Der hat sein ganzes Leben nichts anderes gemacht als Kunst. Darum ist Mama in ihn verliebt. »Ich hätte am liebsten auch nur Kunst gemacht!« hat Mama mal gesagt, als sie wieder in der Küche an der Spüle stand und den Salat für Papa gewaschen hat. Sie ist den sicheren Weg gegangen und ist seine Angestellte geworden. Natürlich gibt Mama nicht zu, dass sie in den Künstler verliebt ist. Aber so, wie sie sich schon wieder an den dranhängt, gibt es keinen Zweifel. Sie steht ganz dicht neben ihm, hält sich an seinem bunt karierten Hemdärmel fest und nickt mit dem Kopf. Dabei wippen ihre Haare rauf und runter. Klar kann sie für den Künstler schwärmen. Aber was Festes wird nie daraus werden.

Diese Lockenfrisur passt gar nicht zu Mama. Die kümmert sich normalerweise überhaupt nicht um ihr Äußeres. Sie benutzt keinen Lippenstift und keine Wimperntusche. Und auch kein Deo. Das finde ich mutig. Ich würde sterben, müsste ich unterwegs feststellen, dass ich vergessen habe, mir ordentlich Deo unter die Arme zu schmieren.

6

Aber Mama sagt: »Wozu brauche ich Deo? Ich dusche doch jeden Tag!« Das ist Mamas Logik. Die stimmt aber so nicht. Schon im Aufklärungsunterricht in der fünften Klasse, haben wir gelernt, dass Schweiß stinkt, wenn er mit Sauerstoff in Berührung kommt. Und genau das passiert, wenn man unter den Armen schwitzt. Und ehrlich gesagt, riecht man bei Mama ab und zu den Schweißgeruch. Aber vielleicht ist das in ihrem Alter auch egal. Sie hat ja schließlich schon einen Mann gefunden. Da kann man wirklich auf Deo verzichten.

»Ich komme nicht mit in die Grundschule!« hat Cotsch vorhin gemeint, als wir alle im Flur rumgestanden haben. Sie will sich lieber aufs Abitur vorbereiten, obwohl das erst übernächstes Jahr stattfindet. Sie hat sich eben vorgenommen, einen noch besseren Abschluss als die Streber-Susanna hinzulegen. Mit Doppelauszeichnung und Applaus. Mir ist das recht. Wäre Cotsch mit zur Ausstellungseröffnung vom Künstler gekommen, würden die Herren aus der Nachbarschaft nur wieder kräftig am Rad drehen. Genau wie letzten Sommer auf dem Gemeindefest. Da haben alle widerlichen Lustmolche Stilaugen gekriegt, als Cotsch mit ihrem Röckchen vor der Negerkuss-Wurfmaschine hin und her gesprungen ist und versucht hat, die Negerküsse mit dem offenen Mund aufzufangen. An der Wurfmaschine war richtig der Teufel los. Die Herren, und sogar der Pastor, standen im Halbkreis um Cotsch herum, und ihr Röckchen ist hochgeflogen, so dass man bestens ihre Unterhose sehen konnte. Irgendwann hat sich Mama in die erste Reihe vorgekämpft und Herrn Heinzmann streng gefragt, was es da zu gucken gibt. Der hat angefangen zu schwitzen, und Mama hat Cotsch schnell weggezerrt. Die hat überhaupt nicht kapiert, was los ist und warum Mama sie plötzlich so hart am Arm packt und ins Gemeindehaus zum Kuchenbufett schleift. »Lass mich los! Was soll denn das? Kannst du mich nicht mal eine Sekunde in Ruhe lassen?« Da haben die Leute erst richtig angefangen zu glotzen, und ich glaube, in dem Moment hätte Mama wirklich gerne Gehirnblutungen gehabt. Darum war Mama vorhin bestimmt erleichtert, dass Cotsch lieber fürs Abitur lernen will. Außerdem muss Mama dann nur zwei Leute im Auge behalten. Mich und Papa.

Sobald Papa auf unsere Nachbarn trifft und ein bisschen was getrunken hat, fängt er ohne Hemmungen an alles auszuplaudern, was ihm schon lange auf der Seele brennt. Am liebsten vertraut er sich Frau Werner an. Frau Werner ist die Affäre vom Künstler. Der wohnt gleich bei uns um die Ecke. Sein ganzes Haus ist voller selbstgemalter Bilder. »Darum darf Frau Werner auch nicht bei ihm einziehen!« sagt Mama. »Obwohl die seit ein paar Jahren so etwas wie eine ›Liebesbeziehung‹ haben!« Damit hat Mama ein echtes Problem. Ich meine, damit, dass Papa alles ausplaudert. Denn meistens geht es dabei um wirklich sehr private Geschichten. Also, um unsere Familie.

Mamas »Intimfreundin« Rita, wie Papa sie immer mit

6

scharfem Unterton nennt, ist auch gekommen. Sie hat schon wieder dieses hässliche abgewetzte lila Kostüm an, in das sie sich zu jeder festlichen Veranstaltung quetscht. Mama sagt: »Rita ist geizig!« Darum hat Mama Cotsch und mir früher auch immer verboten, mit neuen Klamotten zu Alice und Susanna zu marschieren. »Das schmiert mir Rita hinterher nur wieder aufs Butterbrot.« Tatsächlich! Immer wenn Cotsch und ich etwas Neues zum Anziehen bekommen haben, hat Rita Mama später Vorwürfe gemacht: »Du zeigst wohl gerne, dass ihr mehr Geld habt als wir!« Rita ist echt gestört. Für sich und ihre Kinder kauft sie nur quietschbunte Billigklamotten bei C & A im Schlussverkauf ein. Tatsächlich! Immer, wenn Schlussverkauf angesagt ist, düst Rita um sechs Uhr morgens mit dem Bus in die Stadt, klemmt sich an die geschlossenen Türen, nur damit sie als Erste an die Wühltische stürmen kann, obwohl ihr Dieter schweinemäßig Geld kassiert. Der arbeitet bei irgendeiner Bank. Richtig Asche haben Weidemanns. Die haben sogar eine Putzfrau für ihr großes Haus. Trotzdem tut Rita immer so, als würde sie inklusive ihrer Gruselfamilie bald den Hungertod sterben. »Rita hasst ihr Leben!« sagt Mama. Darum fühlt sie sich auch so verantwortlich für Rita. »Rita braucht mich!«. Aber heute ist so ein Abend, an dem Mama das anscheinend egal ist. Sie klebt an dem Künstler, während Rita schmollend neben ihrem Dieter rumlungert und Mama mit vor Neid blitzenden Augen beobachtet.

6

Mama schielt jetzt zu mir rüber, um zu prüfen, ob ich gerade dabei bin, mir das Leben zu nehmen. Seitdem ich einmal, ohne groß zu überlegen, gesagt habe: »Ich bringe mich um!«, glaubt sie, dass ich »suizidgefährdet« bin. Und eigentlich wäre das schon Grund genug, sich mit Papas Rasierklinge ein wenig an den Adern herumzuprokeln. Doch ich sitze ganz artig auf einem dieser kleinen Grundschulholzstühle, auf denen ich meine verquaste Kindheit verbracht habe, und rauche eine Zigarette. Ich bin sehr dankbar, dass man hier heute Abend rauchen darf. Normalerweise ist es ja nicht gestattet, in Grundschulen zu rauchen. Aber jetzt ist das gerade etwas anderes, weil der Künstler hier seine Bilder ausstellt. Alle Nachbarn sind zur Eröffnung gekommen, um zu zeigen, dass sie was von Kunst verstehen.

Papa steht hinter meinem kleinen Grundschulholzstuhl und plaudert mit Frau Werner. Letztes Jahr hatte sie auf der Autobahn einen schweren Unfall. Bei einer Geschwindigkeit von 150 Stundenkilometer ist ihr einfach der Vorderreifen geplatzt und sie ist mit voller Wucht gegen so einen Brückenpfeiler geschleudert. Danach musste Frau Werner mit einer Metallschere aus dem zusammengequetschten Gefährt geschnitten werden. Seitdem ist ihre gesamte Anatomie im Eimer. »Gott, ich dachte, ich sterbe!« erzählt Frau Werner gerne, wenn sie abends bei uns im Wohnzimmer hockt und das fünfte Glas Rotwein trinkt. Dabei hält sie ihr volles Glas so schief, dass Mama und

6

Papa ganz angespannt auf der Sofakante sitzen und schwitzige Hände haben. »Frau Werner ist Alkoholikerin. Die trinkt den Wein, als wäre es Wasser!« sagt Mama jedes Mal, wenn Frau Werner endlich rausgetorkelt ist. Mama trinkt lieber Sherry oder Rum. Manchmal geht sie sogar mit einer Pulle Rum im Stoffbeutel zu Rita. Auf jeden Fall hat Frau Werner seit dem Unfall Angst, Auto zu fahren. Darum ist sie heute Abend mit der U-Bahn von der Arbeit gekommen. Als sie als Letzte durch den Eingang gehetzt kam, hatten schon alle Sektgläser in den Händen, und Herr Melms, der Vater von der dummen Corinna, war gerade mit seiner langweiligen Rede fertig. Sofort hat sich Frau Werner ihren Künstler geschnappt, ist mit ihm hinter die nächste Stellwand gegangen, um ihm ordentlich einzuheizen. »Ich könnte schreien! Warum fangt ihr ohne mich an? Ich fühle mich total betrogen! Total betrogen! Gott, ich könnte schreien!« Alle haben so getan, als ob sie nichts mitkriegten, aber Frau Werners Gekeife war nicht zu überhören gewesen. Jetzt versucht Papa sie mit seinem monotonen Geschwafel auf andere Gedanken zu bringen. Da kann sie mir echt Leid tun. Niemand kann Papas Geschwafel ertragen. Mama guckt wieder zu mir rüber und dann zu Papa. An ihrem gequälten Gesichtsausdruck kann ich ganz deutlich sehen, dass sie ziemlich im Stress ist. Sie hat Angst, dass ich zuviel rauche, und dass ich das nächste Mal, wenn sie wieder zu mir guckt, verschwunden bin. Keine Angst, Mama, das mache ich nicht. Ich bin doch

6

dein braves Lieblingskind. Die Sorge um mich muss sich in Mamas Gehirn heute mit einer zweiten Sorge den Platz teilen: Nämlich, dass Papa ungeniert Familieninterna ausplaudert. Dafür ist er bekannt. Und ich kann ganz deutlich hören, wie Papa zu Frau Werner sagt:

»Meine Frau macht immer aus einer Mücke einen Elefanten!«

»Ach wirklich?«

»Ja! Aus einer Mücke einen Elefanten. Ich meine, in dem Alter haben die Kinder nun mal ihren eigenen Kopf!«

»Ja, richtig!«

»Nicht wahr? Und deswegen meine ich, sollte man sie lassen!«

»Ja, richtig!«

»Aber meine Frau macht aus jeder Mücke einen Elefanten!«

»Tatsächlich?!«

»Ja! Sie redet immer davon, dass unsere Lelle Depressionen hat. Aber ich sage Ihnen, das ist Quatsch!«

»Ah ja?«

»Nee, die denkt eben viel nach. Dann soll man sie doch lassen, oder? Und wenn die Kinder mal streiten wollen, soll man sie doch lassen. Ich sehe das alles nicht so eng!«

»Hmhm!«

Das ist schlimm, was Papa da von sich gibt. Das geht Frau Werner doch gar nichts an. Außerdem soll Papa mal nicht so tun, als ob er in irgendeiner Form den Überblick hat. Der hat doch gar keine Ahnung. Aber das ist immer so. Zu Hause interessiert sich Papa kein bisschen für das, was da eigentlich läuft. Aber in der Öffentlichkeit markiert er dafür den großen Experten. Voll peinlich. Noch schlimmer wäre es allerdings, wenn Papa Frau Werner wieder das Du verweigern würde. Und tatsächlich höre ich Frau Werner mit alkoholisierter Stimme hinter mir lallen:

»Komm, Bernhard, lass uns doch endlich ›du‹ sagen!«
»Ach weißt du, lass mich das mal ansprechen, wenn ich meine, es ist der richtige Zeitpunkt!«
»Also, duzen wir uns jetzt nicht. Oder was?«
»Nee, lass mich das mal ansprechen! Ich finde, das ist jetzt nicht der richtige Rahmen!«
»Na gut!«

Das hat Papa schon zweimal gemacht. »Und langsam wird es unangenehm!« hat Mama gesagt, als wir vorhin von zu Hause losgegangen sind. Jetzt hat er es wieder getan, und Frau Werner lässt ihn einfach stehen. Die Frau ist sich aber auch wirklich für nichts zu schade. Man fragt niemanden dreimal, ob man sich jetzt duzt oder nicht. Frau Werner hat echt kein Selbstwertgefühl. Und Papa hat kein Benehmen. Aber das wissen wir ja bereits. Ich tue besser so, als ob ich nicht dazugehöre. Hauptsache, Papa hockt sich jetzt nicht auf den kleinen, freien Grundschulholzstuhl neben mir. Damit könnte ich gar nicht umgehen. Ich drehe mich mal vorsichtig um. Aha! Papa hat sich an die beleidigte Rita

6

rangeschlichen. Was will er denn von der? Rausfinden, was zwischen ihr und Mama läuft? Na, dann viel Erfolg!

Mama klebt immer noch ganz dicht an dem Künstler dran und nickt weiter mit dem Kopf. Diese Frisur sieht einfach unmöglich aus. Meine Eltern sehen unmöglich aus. Ich schäme mich für sie. Mama nickt so doll mit dem Kopf, dass klar ist, dass sie Angst hat, ihr Schwarm, der Künstler, könnte merken, dass sie ihm überhaupt nicht zuhört. Mama hört nie zu. Mama ist mit ihren Gedanken immer ganz woanders. Ständig hat sie Schiss, dass ich abhaue, mir die Pulsadern aufschneide, oder sie von dem ganzen Stress, den Cotsch und ich verursachen, einen Herzinfarkt bekommt.

Jetzt kommt Mama zu mir rüber und pflanzt sich neben mich auf den kleinen Grundschulstuhl.

»Hast du dir schon die Bilder angesehen?«

»Nö!«

»Guck dir doch mal die Bilder an!«

»Gleich!«

Ich will mir jetzt nicht die Bilder angucken. Mama will immer, dass ich mir Bilder ansehe, und Papa, dass ich mir seine Bücher ansehe. Das nervt. Wenn ich jetzt aufstehe und mich vor die Bilder stelle, klebt Papa garantiert eine Sekunde später neben mir und spielt unseren Nachbarn erste Sahne Papa-Tochter-Idylle vor. Das kenne ich schon. Er legt seinen Arm um mich und fängt an, mir umständlich die Exponate zu erklären. Darauf kann ich verzichten.

6

Ich bleibe lieber sitzen und lasse mich von Mama in den Arm nehmen. Das ist mir auch unangenehm, aber nicht so unangenehm, wie wenn Papa seinen Arm um mich legt. Bei Papa kommt mir das immer sexuell vor. Das liegt eben an diesem Missbrauchs-Bericht, den ich in der *Mädchen* gelesen habe, und daran, dass die Therapeutin von meiner Schwester ständig was von »übergriffig« erzählt. Neulich hat sie meine Schwester gefragt:

»Hat dein Papa dich schon einmal angefasst?«
»Nein, ich glaube nicht!«
»Was heißt: Ich glaube nicht?«
»Weiß nicht. Ich glaube nicht!«
»Hat er dich mal angefasst? Das musst du doch wissen!«
»Nein, ich glaube nicht!«
»Hat er sich mal an dich gedrückt?«
»Na ja, wenn er mich umarmt, drückt er sich an mich!«
»Hast du dabei sein erigiertes Glied gespürt?«
»Nein! Nein, ich glaube nicht!«
»Weißt du, was ein erigiertes Glied ist?«
»Ja!«
»Ein erigiertes Glied ist ein erregter Penis!«
»Ja!«
»Das heißt, du hast deinen Papa sexuell erregt!«
»Ich weiß!«
»Also, hat dich dein Papa angefasst?«
»Ja, wenn er mich umarmt!«

6

»Das ist übergriffig!«
Diesen dämlichen Psycho-Dialog hat mir meine Schwester wortwörtlich wiedergegeben, als sie neulich heulend auf ihrem Bett saß und ich nach ihr gesehen habe.
»Was ist denn jetzt schon wieder los?«
»Lass mich in Ruhe!«
»Was ist denn los?«
»Ich hasse Papa!«
»Warum denn?«
»Weil der so übergriffig ist!«
Und jetzt kommt es mir immer ganz »übergriffig« vor, wenn Papa seinen Arm um mich legt. Ich habe Angst, dass ich sein erigiertes Glied an meinem Bauch oder meiner Hüfte spüren könnte.

Mama drückt sich an mich und beobachtet ihren Schwarm, den Künstler. Er steht immer noch am Eingang unter dem grünen Notausgangslicht. Das Licht strahlt auf seine weißen Haare, und es sieht aus, als hätte er eine grüne Perücke auf. Sehr surrealistisch. Neben ihm steht Frau Werner und tätschelt seine Wange. Sie ist viel größer als er. Und viel jünger. Der Künstler ist schon mindestens achtzig Jahre alt. Und weil er so alt ist, ist er geschrumpft. Dafür lacht er ununterbrochen. Wie ein kleiner Junge. Ich mag den Künstler gerne. »Die passen überhaupt nicht zusammen!« bemerkt Mama jetzt und lässt mich endlich los. Mama versucht zu lächeln. Dabei verzerrt sich ihr Gesicht. Das sieht hässlich aus und bestimmt würde sie gerne los-

6

weinen. Mama weint sehr oft. Meistens heimlich. Ich kriege das immer nur mit, weil sie dann später mit roten Augen in der Küche steht oder auf allen vieren mit dem Putzlappen übers Parkett im Wohnzimmer krabbelt. Ich glaube, Mama braucht Körperkontakt. Mit ganz viel Wärme und Liebe könnte man das sicher noch mal hinkriegen. Nur Papa eben nicht.

»Der will nie mit mir kuscheln!«

Vor sieben Jahren hat Mama uns das verraten. Sie saß heulend auf der Treppe im Flur und hat sich ganz eng an das gelb lackierte Geländer gequetscht. Das war schrecklich. Meine Schwester hat sich neben Mama gehockt und sie in den Arm genommen. Mama hat immer doller geheult, und ich habe rumgestanden und nicht gewusst, was ich sagen soll.

»Papa will nie mit mir kuscheln. Der will immer alleine auf seiner Seite vom Bett schlafen. Und wenn ich mal ein bisschen dichter zu ihm ranrücke, schiebt er mich gleich wieder weg. Und wenn ich dann ein bisschen zärtlich mit ihm werden will, kriegt er schlechte Laune und redet nicht mehr mit mir!«

Das ist überhaupt so eine Sache mit Papa. Papa schweigt die ganze Woche über. Der redet mit niemandem. Außer mit mir.

»Ich will doch auch nur mal in den Arm genommen werden. Nie nimmt mich Papa in den Arm!«

»Vergiss Papa!«

6

Meine Schwester ist näher an Mama herangerückt, Mama hat genickt, und dann haben meine Schwester und meine Mama gesagt:

»Wir hassen Papa!«

Und jetzt wundert Mama sich, warum Cotsch und ich Kette rauchen.

»Musst du so viel rauchen, Lelle?«

»Das ist erst meine zehnte heute!«

»Rauch nicht so viel!«

»Cotsch raucht viel mehr als ich!«

Mama wedelt mit ihrer Hand vor meiner Nase rum.

»Ihr kriegt Krebs davon!«

»Mir egal!«

Stimmt gar nicht. Ich habe unglaubliche Angst, Krebs zu kriegen, seitdem der Vater von der dicken Bettina aus meiner Klasse an Krebs gestorben ist. Eines Tages hat sie in der Schule gefehlt und keiner konnte ahnen, womit sie gerade beschäftigt war. Wir dachten alle, die Sau schwänzt. Aber weit gefehlt: Die war gerade dabei, ihrem Papa Mund-zu-Mund-Beatmung zu geben. »Hat aber alles nichts genützt!« hat uns Bettina später erklärt. »Er ist blau angelaufen und dann kam Blut aus seinem Mund, aus seiner Nase und den Ohren!«

Mama rutscht unruhig auf dem kleinen Stuhl neben mir hin und her und dreht ihren Kopf fast einmal um die eigene Achse. Mit der Nummer könnte sie, wenn alle Stricke reißen, im Zirkus auftreten.

6

»Wo ist denn jetzt Papa?«
»Der macht wahrscheinlich mit Rita hinter den Regalen rum!«
»Papa doch nicht!«
»Vielleicht fummelt er an ihren dicken Oberschenkeln rum!«
»Lelle!«
»Dann fummelt Rita eben an seinen dicken Oberschenkeln rum!«
»Lelle!«
»Was denn? Freu dich doch!«
»Wo ist er denn jetzt?«
»Ist doch egal!«
»Ich guck mal, wo Papa ist!«
Mama steht auf, und vielleicht sollte ich auch aufstehen und mir höflicherweise die aufgehängten Bilder ansehen. Die Sache ist bloß, wenn ich jetzt aufstehe, ist mein Platz weg. Gérard-Michel, der drüben am Sektausschank lehnt und sich wie immer mit seinen kurzen, dicken Fingern in den Zähnen rumpuhlt, als wäre er allein auf der Welt, könnte auf einem der beiden kleinen Grundschulstühle thronen und darauf warten, dass ich wiederkomme. Die perverse Sau! Gérard-Michel ist auch so ein Nachbar von uns. Und er ist Franzose. Immer, wenn er Hunger hat oder Distanz zu seiner vierten Ehefrau Dorle braucht, kommt er bei uns vorbei. Er hat lange helle Haare mit einer Glatze in der Mitte und einen krausen weißgelben Bart. Mama sagt:

6

»Früher waren Gérard-Michels Haare feuerrot. Aber vom vielen Rauchen sind sie gelb geworden!« Außerdem ist er Soziologieprofessor. Einmal hat Gérard-Michel sogar versucht, mich zu küssen. Das war letzten Sommer bei uns im Garten. Da hat er sich wahrscheinlich gedacht: ›Mit der kleinen Lelle mach ich mal eine soziologische Studie!‹ Mama und Papa haben derweil versucht, sich in der Küche leise zu streiten. Durch das angekippte Küchenfenster haben Gérard-Michel und ich trotzdem alles gehört.

»Sei nicht so hässlich zu mir, Berni!«

»Hör doch mal mit deinem ewigen Gequengel auf!«

»Ach Berni!«

»Immer musst du rumquengeln!«

»Stimmt doch gar nicht!«

»Natürlich quengelst du immer rum. Nichts passt dir!«

»Komm, Berni, lass uns uns wieder vertragen!«

»Nein!«

»Ach, Berni!«

»Jetzt hör doch endlich mal auf. Lass mich in Ruhe!«

»Was hab ich denn getan?«

»Rumgequengelt hast du!«

»Das stimmt doch gar nicht!«

»Doch! Die ganze Zeit hast du diese Leidensmiene drauf!«

»Was denn für eine Leidensmiene?«

»Ewig fühlst du dich benachteiligt!«

»Ach, komm! Hör auf!«

6

»Ich hab die Nase voll!«
»Von was denn?«
»Von dir!«
»Was hab ich denn gemacht?«
Gérard-Michel und ich saßen am Gartentisch und eigentlich sollte es gleich Tee geben. Stattdessen haben wir gehört, wie vorne die Haustür zugeknallt wurde und Mama durch den Flur gelaufen ist. Da hat Gérard-Michel mich ganz mitleidig angeguckt. Ich habe artig gelächelt, damit er nicht auf die Idee kommt, dass bei uns zu Hause irgendwas nicht stimmt. Aber Gérard-Michel ist Soziologieprofessor, und natürlich hat er sofort gespürt, dass bei uns einiges aus dem Ruder läuft. Darum hat er mich lieb von hinten in den Arm genommen und mir mit seinem fauligen Mundgeruch ins Ohr gepustet. Und für mich begannen die schrecklichsten Minuten meines Lebens. Ich habe ganz starr dagesessen und gewartet, dass ihm ein Geistesblitz kommt und er sich klar darüber wird, dass er sich gerade überhaupt nicht adäquat verhält. Statt des Geistesblitzes ist seine vierte Frau Dorle von hinten durch die Gartentür gekommen und hat: »Gérard-Michel!« gerufen.

Dorle war früher mal Schauspielerin. Aber dann ist sie ganz schnell schwanger geworden und hat ihre schreckliche Tochter Conny bekommen. Der Fehler mit der Schwangerschaft ist Dorle allerdings schon in ihrer ersten Ehe passiert. Und Mama sagt: »Nach der Schwangerschaft hat Dorle kein Bein mehr auf den Boden gekriegt. Daran ist dann wohl auch ihre Ehe mit Olaf gescheitert!« Jetzt ist Dorle Gérard-Micheles Hausfrau. Und Conny ist Gérard-Michels Stieftochter. Die ist ein Jahr jünger als ich und schon ordentlich entwickelt. Die hat richtig dicke Möpse. So dick, dass sie sich dafür eigentlich in Grund und Boden schämen müsste. Macht sie aber nicht. Stattdessen hüpft sie die ganze Zeit in engen T-Shirts rum, dass man nicht anders kann, als ihr ununterbrochen auf ihre dicken Brüste zu starren.

Ich frage mich, ob Gérard-Michel auch manchmal versucht, Conny abzuknuddeln. Kann doch sein. Schließlich wohnen die unter einem Dach. Da hätte Gérard-Michel einfaches Spiel. Obwohl ich glaube, dass Dorle jeden Schritt von Gérard-Michel genau kontrolliert. Immerhin war der schon vier Mal verheiratet. Das ist eine ziemliche Leistung. Aus einer Ehe hat er sogar einen Sohn hervorgebracht. Antoine heißt der. Antoine lebt in der Provence und baut Wein an. Cotsch hatte letzten Sommer was mit dem. Aber das ist eine andere und sehr traurige Geschichte. Manchmal fängt Dorle von Antoine und seinem Weinberg an zu erzählen. Cotsch sucht dann immer sofort das Weite, weil sie die schmerzenden Erinnerungen an damals nicht aushält. Dorle ist echt eine Elefantenkuh. Absolut dickhäutig. Die merkt gar nicht, dass sie Cotsch jedesmal, wenn sie mit dem Antoine-Thema anfängt, ein Messer zwischen die Rippen rammt.

Da ist es mir schon angenehmer, Dorle philosophiert

6

über ihr zweitliebstes Thema. Vom »aufs Klo gehen« und »rülpsen«. Dorle redet ständig vom »aufs Klo gehen« und »rülpsen«. »Ich muss mal aufs Klo gehen und kräftig rülpsen!« Außerdem hat sie einen dicken Arsch. Genau wie ihre eklige Tochter Conny. Warum sind die beiden Walküren heute Abend eigentlich nicht anwesend? Dorle lässt ihren Gérard-Michel doch sonst nie aus den Augen. »Ich will immer bei meinem Gérard-Michel sein!« quakelt sie ständig. »Gérard-Michel ist meine große Liebe!« Die fette Tante hat das Schauspielern nicht verlernt. Von wegen: »Große Liebe!« Einmal waren wir mit Dorle und Gérard-Michel im Urlaub in Schweden. Und Dorle hat sich die ganze Zeit von Papa auf den Arsch klappsen lassen. Das hat die richtig heiß gemacht. Aber das ist eine andere Geschichte.

Mama kommt angefegt, streicht mir meine Haare albern über die Ohren und gibt mir einen Kuss auf die Stirn.

»Hast du Papa schon irgendwo entdeckt?«

»Nö!«

Dann ist Mama wieder weg. Ich ordne meine Haare und starte mit dem Rumgelutsche an meiner selbstaufgefädelten Perlenkette. Schade, dass Arthur nicht hier ist. Ich habe so sehr gehofft, dass er heute Abend anwesend ist, um mir mein graues Leben zu versüßen. Den ganzen Tag habe ich mich darauf gefreut, ihn hier in der Aula stundenlang beobachten zu können. Jetzt muss ich umdenken.

Der Einzige, der für mich heute Abend in Frage käme,

6

ist Hendrik. Das ist der Sohn von unseren Nachbarn, die schräg über den Hof wohnen. Der hat mich und meine Schwester früher immer beim Spielen auf dem Hof mit dem Springseilgriff verdroschen. Damals war der echt ein total durchgedrehter Idiot. Der hatte nur Scheiße im Hirn. Der hat Regenwürmer gefressen und Frösche von hinten mit dem Strohhalm aufgeblasen, bis sie geplatzt sind. Vielleicht will ich ihn doch nicht küssen. Aber irgendjemanden muss ich küssen.

Kacke, dass Arthur nicht hier ist. Ich schätze, der würde hier den Laden ganz schön aufmischen. Plötzlich würde laute Rums-Musik an die feinen Ohren der Kunstverständigen dringen. Sie würden ihre Unterhaltungen unterbrechen und aufblicken. »Woher kommt nur diese schrecklich primitive Musik?« würden sie leise hinter vorgehaltener Hand fragen. Bloß nicht voreilig zu weit aus dem Fenster lehnen. Könnte ja sein, dass das Teil einer künstlerischen Performance ist. Sie sehen sich um. Aha! In der offenen Eingangstür steht der heilige Arthur mit einem fetten Getthoblaster auf der mickrigen Schulter. Also keine künstlerische Performance. Sondern eine Ruhestörung vom Allerfeinsten! Auf seinem kleinen Näschen sitzt diese riesige Sonnenbrille, die nach unten heller wird. Sein grünes T-Shirt ist viel zu kurz unter seiner viel zu engen Jeansjacke. Alle können Arthurs Bauchnabel sehen. Jetzt kann sich richtig aufgeregt werden. »Was macht dieser mistige, kleine Stricher hier?« Die Kunstverständigen

6

werden unruhig. Arthur macht noch einen Schritt in die Aula rein. Und plötzlich teilt sich die Menge. So, wie sich damals das Meer vor Moses geteilt hat. Arthur steppt lässig durch den entstandenen Gang. Linkes Bein, linkes Bein. Hüftschwung. Rechtes Bein, rechtes Bein. Direkt auf mich zu. Ich lächle. Arthur lächelt. Er reicht mir seine Hand. Ich nehme sie. Und dann marschieren wir raus, und alle können Arthurs kleinen Hintern bewundern, der in dieser viel zu engen Jeanshose steckt. Verdammt. Und Mama flüstert: »Oh Gott, hoffentlich holt sich meine kleine Lelle bei dem keinen Tripper ab!«

Stattdessen lutsche ich an meiner Perlenkette rum. Die habe ich selber aufgezogen. Ich mache meine Ketten immer selber. Also, nicht nur Ketten, sondern auch Armbänder und andere feine Sachen. Als ich noch jünger war, habe ich jeden Tag tausend knurzelige Schmuckstücke aus Fimo gezaubert. Und die habe ich versucht, an Alice zu verschachern.

»Los, Alice, kauf mir mal ein Paar von den blauen Ohrringen ab!«
»Was kosten die denn?«
»Drei Mark!«
»So viel?«
»Wenn du auch noch die gelben mitnimmst, kriegste die für vier Mark!«
»Zwei Paar Ohrringe für vier Mark?«
»Hmhm!«

6

»Nee!«
»Na los!«
»Nee, ich find die nicht so schön!«
Die hässlichen Dinger hätten so gut zu Alices bunten C & A-Klamotten gepasst. Na ja. Selbst schuld! Inzwischen stehe ich mehr auf einen Haufen bunter Perlenketten, die ich selber auf dünnes Lederband ziehe. Dazu trage ich entweder ein hellgrünes, ein dunkelgrünes oder ein orangenes Hemd. Die drei habe ich mir aus so einem Second-Hand-Laden rausgefischt, in dem es fetzige Klamotten gibt, die schon ein paar Generationen vor mir bei Rock-Konzerten durchgeschwitzt oder nach dem Drogennehmen vollgekotzt haben. Darum hat Mama die Hemden erst mal gründlich in der Maschine durchgewaschen. Die Dinger kosten nur zehn Mark, und zu meiner Freude trocknen sie innerhalb von zwanzig Minuten und haben wunderbarer Weise hinterher Bügelfalten und sind astrein glatt. Das macht das Material. Hundert Prozent Polyester. Sehr praktisch. Die obersten vier bis fünf Knöpfe lasse ich an den Hemden immer offen, damit diese wollüstigen Idioten denken, sie könnten mir mal in den Ausschnitt glotzen. Können sie ja auch. Aber da ist nichts zu sehen, weil da nichts ist. Zum Glück. Scheiße noch mal, hab ich Lust, BHs zu tragen? Nö! Die Idee habe ich gleich abgehakt. Brüste passen einfach nicht zu mir, habe ich beschlossen. Das ist nur was für Nutten oder notgeile hundertjährige Weiber. Oder für Conny. Die sollen ihre Brüste durch die

6

Gegend tragen. Ich halte mich da vornehm zurück. Ich finde, große Brüste haben etwas Ordinäres. Kann sein, dass ich mit dieser Ansicht allein auf weiter Flur stehe. Alice, die jüngere Tochter von Rita, hat auch schon zwei größere Geschichten vom lieben Gott angeklebt gekriegt, die unter ihrem knallrosa *Flower Power* C & A-Sweatshirt hin- und her wabern. Darüber ärgert sich besonders ihre Mutter.

»Alice ist noch so jung. Hoffentlich wächst ihr Busen nicht weiter!«

Das Statement hat Rita mal gebracht, als sie mit Mama oben im Nähzimmer gesessen und mit ihr einen gezwitschert hat. Die beiden zwitschern sich öfter mal einen, und Papa kann damit ganz schlecht umgehen.

»Triff dich verdammt noch mal nicht immer mit dieser Rita!«

Papa versucht Mama immer zu verbieten, sich mit Rita zu treffen. Aber Mama gehorcht Papa nicht. Und mir wäre es echt lieber, wenn Mama Papa gehorchen würde. Wenn Rita sich in der Bude aufgehalten hat, stinkt es überall nach Ringelblumencreme. Damit reibt sie sich immer ein und ihre Alice gleich mit.

»Alice hat so trockene Haut!«

Solchen Scheiß hört sich Mama in ihrer Freizeit an. Da kann sie mir echt nur Leid tun. Und zur großen Überraschung tut sich Mama selbst am meisten Leid.

»Ich kann mir dieses Geschwafel von Rita nicht mehr anhören. Das macht mich ganz fertig!«

»Warum hörst du's dir dann an?«

»Keine Ahnung!«

Einige von unseren Nachbarn lachen ziemlich laut und schlagen sich auf die Schultern oder legen sich zutraulich die Arme um die Hüften. Das sind alles perverse Schweine. Man sollte denen nichts zu trinken geben. Tagsüber laufen sie bis oben hin zugeknöpft durch die Gegend und machen auf ganz reinlich: »Meine Wohnung ist die sauberste!« Und: »Meine Kinder bringen die besten Noten nach Hause!« Und abends bechern sie rum und grabbeln sich an. Diese Ansammlung von Nachbarn macht mich ganz irre. Außerdem weiß ich nicht genau, wieviel die über mich wissen. Mama behauptet zwar, dass sie den Leuten nichts über unser Familienintimleben verrät, aber das kann gar nicht stimmen. Neulich hat Alice an mein Kinderzimmerfenster geklopft, und ich habe sie reingelassen.

»Tach!«

»Tach!«

Alice und ich sind in mein Kinderzimmer gelatscht. Und bevor ich mich fragen konnte, was Alice hier will, hat sie mit ihrer schrecklichen Quietschestimme losgelegt:

»Deine Mutter macht sich Sorgen um dich!«

»Was für Sorgen?«

»Dass du zu dünn bist!«

»Woher weißt du das denn?«

»Das hat sie meiner Mutter gesagt!«

»Aha!«

6

»Deine Mutter sagt, sie hat Kartoffelsuppe in deiner Schublade gefunden!«
»Stimmt gar nicht!«
»Wirklich nicht?«
»Können wir bitte über was anderes reden?«
»Über was denn?«
»Keine Ahnung!«
»Isst du wirklich genug?«
»Ja! Und du?«
»Ich glaub schon!«
»Prima!«

Alice kenne ich schon, seit ich drei Jahre alt bin. Früher waren wir befreundet. Jetzt nicht mehr, weil Alice meint, sie ist was Besseres. Ständig gibt sie mit ihrem Scheiß-Klavierspiel an und meint, dass sie sonderbegabt ist. Um ihr absolutes Gehör zu schulen, bekommt sie Sonderbegabten-Unterricht. Susanna bekommt auch Sonderbegabten-Unterricht, weil sie dabei ist, irgendeine chemische Zauberformel zu entwickeln.

Cotsch sagt: »Ich bin auch sonderbegabt. Aber mich fördert niemand. Ich bin euch eben scheißegal!« Mama sagt: »Du brauchst keinen Sonderbegabten-Unterricht. Du bist so begabt, da kann dir keiner mehr was beibringen!« Ich finde die Diskussion komisch und nervig. Immer, wenn es um Alice oder um Susanna geht, geht es auch um Sonderbegabung. Und wenn es um Sonderbegabung geht, dreht Cotsch am Rad, weil sie echt nicht einsehen

6

will, warum Ritas Töchter gefördert werden und sie nicht. Ich will gar nicht gefördert werden. Ich will meine Ruhe haben. Darum hat es mich auch gestört, dass Alice angetrabt kam. Vor allen Dingen hatte ich Angst, dass Cotsch gleich aus ihrem Zimmer stürmt und mit ihrem Lieblingsthema anfängt: »Für mich interessiert sich keine Sau!« Übrigens hat Alice vor einem halben Jahr das erste Mal ihre Periode bekommen. Das hat Rita Mama gleich ganz stolz beim Gemeindetreffen im Gemeindehaus gesteckt:
»Alice hat jetzt ihre Periode bekommen!«
Mit dieser Neuigkeit hat sich Mama sofort nach Sitzungsende auf ihr Fahrrad geschwungen und ist in Windeseile nach Hause gedüst.
»Rita hat wirklich keinen Anstand. Die rennt in der Siedlung rum und erzählt jedem, dass Alice jetzt ihre Periode hat!«
»Wenn du den Leuten solchen Scheiß über uns erzählst, bringe ich dich um!« hat meine Schwester gemeint.
»Also, so was würde ich doch niemandem erzählen!«
Ich habe Mama vertraut. Aber seit der Geschichte mit Alice und der Suppe in meiner Schublade bin ich mir nicht sicher, wie viele Leute hier im Raum wissen, dass ich noch nicht meine Tage habe. Wenn ich mich gleich an denen vorbeihangel, denken die bestimmt alle:
»Sieh mal an, die kleine Lelle! Die hat noch nicht ihre Regel!«
Ich kotze. Vielleicht sollte ich einfach sitzenbleiben und

6

ein bisschen an meiner selbst aufgefädelten Perlenkette herumlutschen. Ich finde sowieso, dass ich die Einzige in dieser Schulaula bin, die adäquat gekleidet ist. »Adäquat« ist übrigens das zweitliebste Wort von meiner Schwester. Kurz nach »übergriffig« versteht sich. Meine Schwester hat so einen intellektuellen Einschlag. Die benutzt ständig solche Worte wie: »adäquat«.

»Mama, du verhältst dich absolut nicht adäquat zu dem, wie Papa sich dir gegenüber verhält!«
»Was heißt'n das?« wollte ich wissen, als wir neulich zu dritt am Küchentisch saßen und die Familiensituation beredet haben.
»Adäquat heißt so viel wie: angemessen, entsprechend!«
»Aha!«
»Wie soll ich mich denn verhalten, wenn Papa nicht mit mir kuscheln will?« hat Mama dazwischen gequengelt. Und ich habe gesagt: »Adäquat eben!« Nach dieser schlauen Bemerkung hat mich meine Schwester aus der Küche geschubst.
»Lass mich mal mit Mama alleine!«
»Warum denn?«
»Weil wir hier mal alleine reden wollen!«
»Immer wollt ihr alleine reden!«
»Es ist besser für dich, Lelle!«
Ich bin dann adäquat aus der Küche marschiert und habe in Cotschs Zimmer versucht, mir eine Zigarette zu drehen, weil meine Schachtel alle war.

Verdammt, mir ist langweilig. Hier sind wirklich nur alte Leute vertreten. Und dieser schleimige Hendrik kümmert sich überhaupt nicht um mich. Der steht brav zwischen seiner Mama und seinem Papa und gibt artig Händchen. Ich glaube, der hat seine Vergangenheit vergessen. Oder versucht, sie zu vertuschen. Der ist kein bisschen mehr wild. Er hat einen schrecklichen dunkelblauen V-Ausschnittpullover und diese noch viel schrecklichere dunkelblaue Cordhose an. Der hat sich selbst aufgegeben. Es wäre doch viel lustiger, wenn Hendrik und ich uns jetzt betrinken würden. Hendrik könnte zum Spaß unter meinem Hemd rumfummeln und die Erwachsenen hätten was zu gucken. Aber nein. Er macht lieber einen auf kunstverständig und grüßt mich nicht mal. Bestimmt darf er mich nicht grüßen, weil seine Eltern Angst haben, dass ich ihn dazu bringen könnte, mit dem Rauchen anzufangen. Ich stecke mir noch eine Zigarette in den Mund. Die reißt mir Mama aus der Hand und sagt:

»Lelle, wir gehen jetzt!«

Hinter ihr steht Papa mit rotem Gesicht. Papa hat immer ein rotes Gesicht, wenn er zuviel geredet hat. Und heute Abend hat er hundert prozentig zuviel erzählt.

7

Als wir zur Vordertür reinkommen, ist alles dunkel im Haus. Nur das kleine Licht unterhalb der Kellertreppe brennt. Und meine Schwester ist nicht da. Eigentlich wollte Cotsch zu Hause bleiben und für die Schule lernen. Die macht brav ihre Hausaufgaben und versucht, die Beste in der Klasse zu sein. Und mit viel Lernen schafft sie es auch. Ich bin da ganz anders. Mir sind Hausaufgaben scheißegal. Ich höre gar nicht erst zu, wenn unser Lehrer Herr Funke sagt, was wir zu Hause noch alles erledigen sollen. Der spinnt ja. Nachmittags habe ich einfach mal andere Sachen im Kopf. Man lebt ja schließlich nicht nur für die Schule. Außerdem ist das alles langweiliger Scheiß, den wir da durchkauen. Ich weiß schon von vornherein, dass ich das gleich alles wieder vergesse. Problematisch wird es nur, wenn wir eine Arbeit schreiben. Ich habe dann leider von nichts eine Ahnung, und Mama muss sich mit meinem Geschichtsbuch an den Küchentisch setzen und alle Kapitel, die wir für die Arbeit beherrschen müssen, handschriftlich auf Din A4 Blättern zusammenfassen. Diesen Quatsch lerne ich dann abends auswendig und hoffe am nächsten Tag, dass ich wenigstens ein bisschen was davon behalten habe.

7

Mama steht in der Mitte vom Flur und ruft nach oben. Aber Cotsch antwortet nicht. Papa schüttelt den Kopf und will in den Keller gehen. Schuheputzen. Dem ist egal, wo Cotsch ist.

»Die macht doch sowieso, was sie will!«

»Und wenn sie jetzt irgendwo alleine im Wald rumläuft und unsere Hilfe braucht?«

Mama stößt die Tür zu Cotschs Zimmer auf. Knipst das Licht an. Unter dem Schreibtisch steht Cotschs Schultasche. Auf dem Tisch liegen ein paar Hefte.

»Wieso sollte sie unsere Hilfe brauchen?«

»Hast du eine Ahnung, was jungen Mädchen nachts alleine im Wald passieren kann?«

»Mal doch nicht immer den Teufel an die Wand!«

Papa ist wirklich beschränkt. Nur, weil er in seiner Jugend überall mit dem Rad hingefahren ist, im Wald unter einer Plastikplane gepennt hat und die Nacktschnecken über ihn drübergekrochen sind, heißt das noch lange nicht, dass seiner Tochter nichts passieren kann.

Als ich drei Jahre alt war, wollte mich mal eine fremde Frau mopsen. Und Cotsch hat mich in letzter Sekunde gerettet. Aber das ist eine andere Geschichte. Jedenfalls zeigt die Begebenheit von damals, dass man durchaus jederzeit gefährdet ist.

Außerdem ist es zehn Uhr, und um zehn Uhr sollen wir zu Hause sein. Mama und ich suchen das ganze Haus ab. Zuerst gucken wir in beide Badezimmer. Mama hat Angst,

7

dass Cotsch mit aufgeschlitzten Pulsadern den frischgewaschenen Klovorleger vollblutet. Macht sie aber nicht. Cotsch hat auch keinen Zettel hingelegt. Mama kommt die Treppe von oben runtergerannt und dabei verliert sie einen ihrer Hausschuhe. Sie dreht sich im Kreis, angelt mit dem Fuß nach dem Schlappen und dabei geraten ihre neuen Locken durcheinander.

»Wo ist sie denn?«

»Keine Ahnung!«

Ich stehe im Flur rum, kaue an meinen Fingernägeln und spüre, wie mein Herz schneller schlägt. Nicht, weil ich wirklich Angst um Cotsch hätte, eher, weil Mama mich so nervös macht. Sie ist ganz fahrig. Endlich hat sie ihren Schuh wieder an, und ich werde durchs Wohnzimmer gezerrt.

»Hör auf, an deinen Fingernägeln rumzukauen. Das sieht so infantil aus!«

Mama knipst das Licht an und guckt sogar unter dem Esstisch nach.

»Was soll Cotsch denn unter dem Tisch machen?«

Mama lässt die gelb karierte Tischdecke wieder los. Ich glaube, am liebsten würde sie noch in der Blumenvase nachsehen. Die Situation erinnert mich gerade an Ostern. An die große Ostereiersuche. Tatsächlich. Mama versteckt für Cotsch und mich immer noch Ostereier. Und die suchen wir dann. Im Haus und im Garten. Jetzt sucht Mama Cotsch. Vielleicht findet sie dabei noch ein vergammeltes

Osterei vom letzten Jahr. Ich erinnere mich genau, Mama hat letztes Jahr nach der Osterei-Suchaktion in unsere Körbchen geguckt und nachgezählt, ob wir auch alle Eier gefunden hatten.

»Da fehlt noch eins! Ihr müsst weitersuchen!«

Mama war fast so aufgeregt wie jetzt. Darum haben Cotsch und ich noch zwei Stunden weitergesucht, während Papa im Garten schon mal den Rasen gemäht hat. Und am nächsten Tag auch noch. Aber das Ei ist nie wieder aufgetaucht. Und Mama wusste einfach nicht mehr, wo sie es versteckt hatte.

»Lelle, guck mal im Schuppen nach, ob ihr Fahrrad da ist!«

Mama reißt die Terrassentür auf und schubst mich nach draußen in den Garten. Hier ist es stockdunkel. Ich laufe schnell den schmalen Weg entlang, an den Büschen vorbei, die drei Steinstufen rauf zum Schuppen. Da knipse ich das Licht an. Cotschs Fahrrad ist da. Das ist spannend. Jetzt will ich auch wissen, wo sie ist. Ich knipse das Licht wieder aus. Und inzwischen hat Mama im ganzen Haus das Licht angeschaltet. Sie steht in der offenen Terrassentür und wartet mit verzweifeltem Gesichtsausdruck, was meine Nachforschungen ergeben haben.

»Ihr Fahrrad ist da!«

»Du kriegst die Tür nicht zu! Wo ist sie denn jetzt schon wieder hin?«

»Vielleicht zu Iris!«

7

»Was soll sie denn bei Iris?«
»Keine Ahnung. Tee trinken!«
Der Vater von Iris ist vor kurzem gestorben. Ich glaube, der hatte auch Krebs. Seitdem kümmert sich Cotsch um Iris. Sie macht ihr die Hausaufgaben und trinkt mit ihr Tee. Cotsch trinkt mit all ihren Freundinnen Tee. Zu meinem letzten Geburtstag hat sie mir einen geflochtenen Bindfaden geschenkt, an dem ganz viele verschiedene Teesorten in kleinen Zellophantütchen festgeknotet waren. Der Teezopf liegt jetzt in meinem Bücherregal und verrottet. Von Tee wird mir immer schlecht.

»Lelle, ich geb dir fünf Mark, wenn du bei Iris anrufst und fragst, ob Cotsch da ist!«
Mama gibt mir immer fünf Mark, wenn es darum geht, nachts bei fremden Leuten anzurufen. Es ist nicht das erste Mal, dass Cotsch plötzlich verschwunden ist. Cotsch verschwindet ständig. Einmal hatte ich schon dreißig Mark in der Tasche, weil ich bei sechs Leuten angerufen hatte. Aber niemand hatte gewusst, wo Cotsch steckt. Da hat sich Mama mit dem Fahrrad auf die Suche gemacht. Papa hat oben im Bett geschlafen und so laut geschnarcht, dass Mama sowieso nicht hätte schlafen können. Mama ist mit dem Fahrrad losgefahren und sie musste gar nicht weit fahren, weil ihr am Straßenrand dieses Auto mit den beschlagenen Fenstern aufgefallen ist. Mama ist näher rangegangen und hat Cotsch hinter den vernebelten Scheiben erkannt. Die lag halbnackt auf dem zurückgekurbel-

ten Beifahrersitz und Rainer mit der Hasenscharte hing über ihr. Mama hat zaghaft an die Scheibe geklopft und gemeint:

»Cotsch, wenn ihr fertig seid, kommst du doch rein, ja?«

Cotsch hat sich mächtig bespitzelt gefühlt. Sie hat geschrien:

»Hau ab, du Sau!«

Rainer hat versucht, Cotsch zu beruhigen. Der hat immer wieder gesagt: »Guten Abend!« und »Deine Mutter hat sich doch nur Sorgen gemacht!« Aber Cotsch hat voll aufgedreht und geschrien: »Kannst du mich nicht mal fünf Minuten alleine lassen? Musst du mir immer hinterherspionieren?« Aber das war natürlich Quatsch, weil es bereits vier Uhr morgens war und Mama und ich schon allein drei Stunden damit zugebracht hatten, die Leute aus dem Bett zu klingeln. Also hatte Cotsch Zeit genug gehabt, mit Rainer in seiner alten Kiste rumzuschwitzen.

Ich weiß genau, dass ich Mama umsonst die fünf Mark aus der Tasche ziehe. Bei Iris ist Cotsch bestimmt nicht. Nicht zu dieser Zeit. Ich rufe da trotzdem mal an. Fünf Mark kann man immer gebrauchen. Und Mama braucht das Gefühl, dass was unternommen wird.

»Setz dich hin, Mama. Und beruhig dich. Ich finde schon raus, wo Cotsch ist!«

»Hoffentlich. Du kriegst auch fünf Mark. Ich kann nicht immer bei den Leuten anrufen. Es ist besser, du

sagst, du bist alleine zu Hause und musst Cotsch was wichtiges fragen!«
»Ich weiß, Mama!«
Die Telefonnummer von Iris kann ich inzwischen schon auswendig. Mama sitzt auf der Sofalehne und reißt sich mit Daumen und Zeigefinger kleine Hautfetzen von ihrer Oberlippe ab. Jetzt hilft sie sogar mit den Zähnen nach. Das macht Mama immer, wenn sie nervös ist. Und weil Mama immer nervös ist, ist ihre Oberlippe ständig ausgefranst.
»Goljovtschek?«
»Guten Abend, Frau Goljovtschek. Ich hoffe, ich störe nicht. Hier ist Lelle, die Schwester von Cotsch. Ich wollte mal fragen, ob Cotsch bei Ihnen ist!«
»Hallo, Lelle! Nein, Cotsch ist nicht hier!«
Mama steht vom Sofa auf und stellt sich hinter mich.
»Sag, dass du alleine zu Hause bist und Cotsch dringend was fragen musst!«
Mama quatscht in mein Ohr, und ich kann mich gar nicht vernünftig auf Frau Goljovtschek konzentrieren.
»Ähm, ist Iris denn da?«
»Nein, Iris ist auch nicht da!«
»Sag, dass du Cotsch was Dringendes fragen musst!«
Mama rupft und zieht an meinem Hemd. Die ist ja wirklich völlig aus dem Häuschen.
»Wissen Sie denn, wo Iris ist? Und ob meine Schwester mit dabei ist?«

»Iris ist übers Wochenende zu ihrer Tante gefahren. Wo Cotsch ist, weiß ich leider nicht!«
»Sag, dass du sie was fragen musst und alleine zu Hause bist!«
Mama hängt an meinem Arm und zerrt daran herum, als würde sie im Morast versinken.
»Vielen Dank. Ich bin nämlich allein zu Hause und hab eine wichtige Frage an Cotsch!«
Mama lässt erleichtert meinen Arm los, setzt sich neben mich auf die Fensterbank und kaut weiter an ihrer Oberlippe rum. Verdammt, das sieht so infantil aus. Außerdem dürfen wir uns nicht auf die Fensterbank setzen. »Die bricht ab, wenn ihr euch da immer draufsetzt!« sagt Papa. Und Mama sagt das auch. Aber im Moment scheint das nicht von Bedeutung zu sein. Also setze ich mich neben Mama auf die Fensterbank. Wenn Mama sich da hinsetzt, setze ich mich da auch hin.
»Kann ich dir vielleicht weiter helfen?«
»Nein, äh, ich glaube nicht!«
»Was wolltest du Cotsch denn fragen?«
»Ähm, ist nicht so wichtig. Ach, eigentlich gar nicht wichtig. Vielen Dank und gute Nacht.«
Mama spuckt einen kleinen Hautfetzen auf den Boden und schiebt mich von der Fensterbank.
»Was hat die Mutter von Iris gesagt?«
»Wieso darfst du auf der Fensterbank sitzen und ich nicht?«

7

»Weil die sonst abbricht!«
»Du bist doch viel schwerer als ich!«
»Was hat die Mutter von Iris gesagt?«
»Iris ist bei ihrer Tante, und wo Cotsch ist, wusste sie nicht!«
»Dann ruf bei Rainer an. Du kriegst auch fünf Mark!«
»Ich kann nicht bei Rainer anrufen!«
»Warum nicht?«
»Weil der mit seiner Freundin zusammen wohnt!«
»Wie? Rainer hat eine Freundin? Seit wann das denn?«
»Schon lange!«
»Wie? Ich dachte, er ist in Cotsch verliebt!«
»Ist er ja auch!«
»Aber du hast doch eben gesagt, dass er eine Freundin hat!«
»Die weiß ja nichts davon!«

Mama spuckt weiter kleine Hautfetzen durch die Gegend. Auf ihrer Stirn legt sich alles tief in Falten. Mama überlegt, und ich habe ehrlich gesagt überhaupt keine Ahnung, wo Cotsch sein könnte. Bestimmt nicht bei Rainer. Mit dem hat Cotsch nichts mehr, seit er ihr anvertraut hat, dass sein Vater ihn früher als kleinen Jungen zur Strafe in die Waschmaschine gesteckt hat! Da hat Cotsch den Respekt vor ihm verloren. Cotsch braucht Typen, zu denen sie aufschauen kann, und nicht welche, die als Kind in der Waschmaschine durchgeschleudert worden sind. Was für eine scheußliche Vorstellung. Mir tut Rainer Leid. Und dann hat er auch

7

noch diese Hasenscharte. Trotzdem muss was in puncto Cotsch unternommen werden. Schließlich können Mama und ich nicht die ganze Nacht rumrätseln, wo sie abgeblieben ist. Vielleicht ist ihr wirklich was zugestoßen, und wir hocken hier rum und fressen unsere Oberlippen und Fingernägel auf.

»Wo könnten wir denn noch anrufen?«
Mama sieht mich fragend an und jetzt fliegt aus ihrem Mund so ein nasses Stück Haut direkt auf meine Hose.
»Igitt! Mama!«
»Entschuldige!«
Mama klopft auf meinem Oberschenkel rum. Das Hautstückchen ist schon lange auf den Boden gefallen. Da trete ich sowieso gleich mit meinen Strümpfen rein. Mann, ist das eklig. Ich glaube, ich lasse Mama mal alleine mit ihrer Lippe und mache mich selber auf die Suche. Bei der Gelegenheit kann ich gleich mal einen Blick durch Arthurs Briefschlitz werfen. Ich nehme einfach Papas Taschenlampe mit. Die liegt unten im Keller in der Werkzeugkiste. Damit leuchte ich in Arthurs Haus und verschaffe mir einen Eindruck. Der ist jetzt bestimmt nicht zu Hause. Der steht garantiert am Eingang zum Bahnhof und wartet darauf, dass er seinen kleinen Popo verkaufen kann. Verdammt, das muss ein harter Job sein.

»Bleib mal hier!«
Ich streiche Mama über die Locken. Die fühlen sich ganz künstlich an.

7

»Aber ich muss doch Cotsch suchen! Wieso legt die denn nicht mal einen Zettel hin?«
»Mach dir keine Sorgen. Ich fahr los und suche Cotsch!«
»Und wieso putzt Papa jetzt im Keller Schuhe?«
»Weil er ein Idiot ist!«
»Ich könnte durchdrehen, wenn ich mir überlege, was der den Leuten heute Abend schon wieder alles erzählt hat!«
»Setz dich aufs Sofa und denk nicht drüber nach. Ich komme gleich wieder!«
»Aber du kannst doch nicht alleine draußen rumfahren und Cotsch suchen. Da hab ich Angst. Bestimmt passiert dir dann was!«
»Ach Quatsch!«
Na ja. Ein bisschen mulmig ist mir schon, wenn ich daran denke, jetzt alleine die Straßen rauf und runter zu gurken. Ich weiß ja nicht mal, wo ich Cotsch suchen soll. Die einzige Möglichkeit, wo sich Cotsch rumtreiben könnte, ist dieser komische Schuppen in Forst, wo sie Billard spielen. Da hängt dieser Marcel immer rum, in den Cotsch seit neustem verknallt ist. »Der hat so einen süßen Arsch!« sagt Cotsch. Marcel ist etwas älter. Ich glaube, der geht nicht mal mehr in die Schule und darf länger aufbleiben. Vielleicht wohnt er auch gar nicht mehr zu Hause. Cotsch hat den kennengelernt, als sie sich letztes Mal mit Iris unerlaubt um die Häuser gedrückt hat.

7

Meine Schwester ist sehr hübsch. Die ist wie eine Katze. Ganz geschmeidig. Da fliegen die Jungs drauf. Besonders, weil sie überall rumerzählt, dass sie noch Jungfrau ist. Wenn sie das mal dem falschen Typen erzählt, ist sie dran. Scheiße. Ich muss jetzt mit dem Fahrrad nach Forst fahren. Verdammte Scheiße. Das Problem ist, dass ich ein Stück durch den dunklen Wald muss. Mir wird schon nichts passieren. Nach dem Waldstück kommen ein paar Felder und danach die Brücke. Oh Scheiße. Wenn mich da einer verfolgt und auf der Brücke einholt, bin ich geliefert. Zuerst haut der mich grün und blau und nachher schmeißt er mich in den Fluss. Gute Nacht. So eine Geschichte habe ich mal im Urlaub gelesen. »Das sind schöne Kurzgeschichten, Lelle. Lies die mal!« hat Mama zu mir gesagt und mir das Buch vor dem Schlafengehen in die Hand gedrückt. In jeder Geschichte ging es nur um Vergewaltigung und Mord und Prostitution. Und in der Geschichte, in der ein kleines Mädchen tot und vergewaltigt aus dem Fluss gezogen wird, war der Bürgermeister der Übeltäter. Die Geschichte hat mir absolut gezeigt: Als junges Mädchen darf man niemandem vertrauen. Ich mach mich jetzt mal auf den Weg. Verdammt. Ich nehme das scharfe Küchenmesser mit, das Papa immer am Tellerboden schärft. Warum macht Papa sich nicht auf die Suche? Der könnte einfach ins Auto steigen und in fünf Minuten wäre er beim Billardschuppen in Forst. Scheiße! Der würde die totale Show abziehen, wenn er Cotsch da in den Armen von

7

Marcel erwischt. Der soll lieber im Keller seine Schuhe putzen.

»Lelle, frag doch mal Papa, ob er dich fährt!«

»Sehr komisch!«

»Frag ihn doch mal!«

Leute, hab ich Lust, mit Papa im Auto durch die Nacht zu heizen? Sehr romantische Vorstellung. Ich weiß schon vorher, dass er ununterbrochen auf Mama schimpfen wird.

»Kann die Tante nicht einmal ruhig bleiben? Muss die immer so einen Stress machen?«

»Mama macht sich doch nur Sorgen!«

»Ach was! Die muss immer alle Leute auf Trab halten. Ich will schlafen und jetzt fahre ich hier im Auto durch die Gegend. Soll sie sich doch auf der Straße die Nächte um die Ohren schlagen!«

»Mama hat aber Angst, nachts Auto zu fahren!«

»Dann soll sie ihre Töchter besser erziehen!«

»Cotsch ist genauso deine Tochter!«

»Ach!«

Papa hat sowieso ein Problem damit, dass Cotsch seine Tochter ist. Ich glaube, Papa kann Cotsch nicht leiden, weil die so schlecht unter Kontrolle zu bringen ist. Mich kann er da schon eher leiden. Ich bin immer ganz brav und komme rechtzeitig nach Hause, weil ich ja mitkriege, dass Mama sich vor Sorge in die Hose macht.

»Los, frag mal Papa, ob er dich fährt!«

»Na gut!«

7

Ich drehe mich um und will durch die Tür und die Kellertreppe runter. In meiner Phantasie bin ich schon bei Papa im kalten Keller. Papa kniet auf dem Betonfußboden und putzt mit einer alten Socke seine Schuhe. Auf seiner Stirn stehen wie immer Schweißperlen. Sein Gesicht ist rot. Seine Lippen sind feucht. Sein Atem geht schwer. »Papa isst zu viel und zu schnell!« sagt Mama. Manchmal muss Papa nach dem Abendessen aufstoßen. Und noch einmal kauen. Wie eine Kuh. Oder ein Ochse. Ich stehe im Türrahmen, kaue auf meinen Nägeln herum und flüstere:

»Papa, ich weiß, du bist müde, aber können wir vielleicht mit dem Auto Cotsch suchen gehen?«

Und bevor sich Papa in meinen Gedanken stöhnend und ächzend, mit hochrotem Kopf und Schweißperlen auf der Stirn, zu mir umdrehen und loswettern kann, quatscht Mama noch mal los.

»Lelle, was hast du heute eigentlich gegessen?«

Und genau das nervt an Mama. Was soll denn jetzt diese Frage? Ich habe gerade einen dringenden Fahndungsauftrag von ihr bekommen, und sie quatscht mich mit Essen voll. Das zeigt, dass Mama total konfus ist, weil sie sich verdammt noch mal um alles Sorgen macht. Die ist kein Stück organisiert im Kopf. Sie versucht natürlich, Ordnung in ihren Kopf zu bringen, indem sie Fragen stellt, die geklärt werden müssen. Aber die Antworten, die sie von uns kriegt, machen ihr noch mehr Angst, und dann ist sie noch konfuser.

7

»Genug!«

»Was heißt: Genug? Ich hab dich heute noch nichts essen sehen!«

»Doch, die beknackten Möhren. Außerdem hab ich in der Schule was gegessen!«

»Bestimmt wieder nur ein Brötchen. Das ist nicht genug. Du musst mehr essen, sonst kippst du mir noch um. Irgendwann kippst du um und bist tot!«

»Macht nichts!«

Jetzt aber mal los, sonst geht hier eine hübsche Diskussion los und die endet garantiert damit, dass ich meinen Kopf gegen die Wand schlage, Papa aus dem Keller kommt und rumschreit, und dann kommt der Krankenwagen, weil Mama wirklich einen Herzinfarkt hat. Das können wir jetzt nicht gebrauchen. Hauptsache, einer behält hier einen klaren Verstand. Und da bin ich ja wohl gefragt.

»Lelle, du musst mehr essen. Du siehst so dünn aus!«

»Verdammte Scheiße! Ich find's schön! Und ich will noch viel dünner werden. Ich will so dünn werden, dass ich nicht mehr da bin!« könnte ich jetzt sagen.

Aber ich bleibe gelassen und sage:

»Mach dir keine Sorgen, Mama. Ich suche jetzt Cotsch, und dann kommen wir ganz schnell wieder!«

»Du bist mein Lieblingskind!« sagt Mama und hat Tränen in den Augen.

Mama drückt sich an mich, und ich gucke über ihre Schulter gegen die dunkle Fensterscheibe. Ich sehe unser Spiegelbild. Das hat wirklich Weltklassecharakter. Wie Don Quijote und Sancho Pansa sehen wir aus. Mama klebt klein und dick an mir dran. Und hinter unserem Spiegelbild bewegt sich etwas. Jemand ist im Garten und schlägt sich durch das nächtliche Gebüsch. Zuerst denke ich, es ist Cotsch. Aber dann kommt es näher und plötzlich drückt es seine dicke Nase an unserer Terrassentür platt. Das ist nicht Cotsch. Das ist Gérard-Michel. Ich kotze! Was will der denn hier?

»Mama, erschreck dich nicht, hinter dir steht Gérard-Michel!«

Mama wirbelt herum und wischt sich im Taumel die Tränen von den Wangen.

»Wo?«

»Da, hinter der Terrassentür!«

»Was will der denn hier?«

»Keine Ahnung! Vielleicht hat er Hunger!«

»Ich hab jetzt aber keine Lust, mit Gérard-Michel zu reden!«

»Du musst! Der hat uns doch schon gesehen!«

»Scheiße!«

Mama sagt nicht oft »Scheiße!«. Aber wenn sie »Scheiße!« sagt, hat das richtig was zu bedeuten. Gérard-Michel grinst uns durch die Terrassentür entgegen und hinterlässt fettige Flecken auf der Glasscheibe. Für einen Moment stehen Mama und ich bewegungslos da, so als hätten wir noch eine Chance, ungesehen davonzukommen. Aber das

7

ist ja der allergrößte Quatsch. Endlich bewegt sich Mama und macht dem ekligen Franzosen die Tür auf.

»So schnell sieht man sich wieder, meine Damen!«
»Gérard-Michel, was treibt dich denn zu uns?«
»Ja-ha! Was treibt mich zu euch? Eine gute Frage! Ich suche meinen Sohn. Meinen lieben Sohnemann!«
»Welchen? Antoine?«
»Jawohl! Antoine ist mal wieder auf Besuch! Und jetzt ist er auch schon wieder weg. Mit Dorles Auto!«
»Seit wann ist Antoine denn wieder da?«
»Seit heute Nachmittag. Mir ist das ja egal, wo der Bengel steckt. Aber Dorle regt sich auf, weil sie wissen will, wo ihr Auto ist!«
»Also hier ist Antoine nicht!«
»Hätte mich auch gewundert, nachdem ihn Bernhard letztes Mal so grob vor die Tür gesetzt hat!«
»Tut mir Leid, Gérard-Michel!«
»Ach was! Dorle regt sich nur so auf, weil sie wissen will, wo ihr Auto ist. Also, falls Antoine noch auftaucht, soll er sich mal melden! Er hat nämlich keinen Führerschein!«
»Ich richte es ihm aus!«
»Gute Nacht, meine Damen!«
»Gute Nacht, Gérard-Michel!«

Gérard-Michel kämpft sich wieder durch den dunklen Garten, und im Wohnzimmer stinkt es nach seinem schlechten Atem. Wie Mama das eben aushalten konnte,

7

so dicht an dicht mit ihm zu sprechen. Dass die nicht die Besinnung verloren hat. Mama ist echt meine Heldin. Aber ich glaube, jetzt reicht es ihr wirklich. Sie lässt sich auf die Fensterbank fallen und dabei knackt die Holzplatte ziemlich laut.

»Vorsicht, Mama! Die Fensterbank!«

»Scheißegal! Ich wette, Antoine ist hier aufgetaucht, hat Cotsch in Dorles Auto geladen, und jetzt rast er mit meiner Tochter über die Autobahn! Ohne Führerschein!«

Leute, Antoine ist wieder in der Stadt. Cotsch hat echt Glück. Ihre große Liebe ist zurück. Mit der darf sie jetzt durch die Nacht düsen. Das hat was.

Cotsch und Antoine haben sich sofort ineinander verliebt, als Gérard-Michel eines Tages mit ihm rübergelatscht kam: »Leute, mein Sohn Antoine und ich haben Hunger! Habt ihr für zwei arme Jungs was zu essen?« Zack. Bumm. Das war's. Mama ist in der Küche verschwunden um den Kochlöffel zu schwingen. Papa hat den Rasen gemäht. Gérard-Michel hat mich lieb in den Arm genommen, mich mit seinem schlechten Atem benebelt, und Cotsch und Antoine haben sich nur noch paralysiert angeglotzt. Sekundenlang. Stundenlang. Tagelang.

Zuerst konnte ich gar nicht verstehen, was Cotsch an Antoine so anziehend fand, weil Antoine echt nicht hübsch ist. Der hat einen ovalen Kopf mit einer spitzen Nase und schmalen Lippen. Normalerweise hat Cotsch überhaupt

7

keinen Respekt vor solchen Trauergestalten. Aber bei Antoine war das anders. Den hat Cotsch vom ersten Augenblick an richtig geliebt. »Ich liebe ihn!« hat Cotsch tausendmal am Tag gesagt. »Ich liebe ihn! Er ist so sensibel. Er weiß, wie man mit Frauen umgeht!« Aus diesem Grund hat Antoine auch eines Nachts versucht, bei Cotsch im Bett zu übernachten. Das hat Papa aber irgendwie mitgekriegt und Antoine grob am Kragen gepackt und vor die Tür gesetzt. Cotsch hat hundert Tage und Nächte geheult und gedroht: »Ich bringe mich um!« Oder: »Ich haue zu Antoine in die Provence ab!« Aber nach der Rausschmeißaktion hat Cotsch nie wieder was von Antoine gehört. Nicht mal mehr die CD will sie hören, die er ihr zum Zeichen seiner Verbundenheit zum Geschenk gemacht hat. Genau! Die legendäre *Misplaced Childhood*-CD. Dafür höre ich die jetzt mehrmals täglich. Cotsch sagt:

»Antoine war meine große Liebe und das konnte Papa nicht ertragen. Das Arschloch hat mein Leben zerstört!«

Das war letzten Sommer. Seitdem ist Antoine in meinem Ansehen erheblich gestiegen, weil die CD echt richtig gut ist. Ich meine, der Titel sagt schon alles: »*Misplaced Childhood*«. Ich habe bloß das dumpfe Gefühl, dass Antoine ein bisschen was von seinem stinkigen Vater geerbt hat, und die Sache nicht ganz so ernst nimmt wie Cotsch. Sonst hätte er sich ja damals noch mal gemeldet, nach dem ihn Papa rausgeworfen hatte. Er hat sich aber nicht noch mal gemeldet, und das zeigt mir, dass er ein ziemliches Arschloch ist. Auch wenn er einen guten Musikgeschmack hat. Der soll bloß seine widerlichen Pfoten von Cotsch lassen. Ich bringe den um, wenn der meiner lieben Schwester was von »großer Liebe« vorfaselt und sie dann wie eine heiße Kartoffel fallen lässt. Das wäre nicht das erste Mal, dass Cotsch das passiert. Ich muss die dringend suchen und das Schlimmste verhindern. Falls das überhaupt noch geht. Vielleicht ist der dämliche Antoine ja schon mit ihr gegen den nächsten Baum gerast. Ich darf mir bloß nichts vor Mama anmerken lassen. Ich spiele besser die Abgeklärte.

»Mach dir keine Sorgen, Mama. Ich fahr jetzt einfach mit dem Rad los und komme mit Cotsch wieder!«
»Wie willst du die denn finden, wenn die mit dem Auto unterwegs sind?«
»Die sind bestimmt nach Forst gebrettert!«
»Frag doch Papa, ob er dich fährt!«
»Mache ich!«
»Du bist mein Lieblingskind!«

Ich lasse Mama auf der Fensterbank sitzen und steige zu Papa runter in den Keller. Mein Herz klopft. Das tue ich wirklich nur für Mama. Hinterher erklärt er sich wirklich noch bereit, nach Cotsch zu suchen. Bloß nicht. Zusammen mit Papa im Auto zu sitzen, ist schlimmer, als alleine mit dem Fahrrad durch die Nacht zu strampeln.

8

Ich schiebe mein Fahrrad aus dem Schuppen, in der rechten Hand halte ich Papas Taschenlampe. Die hat er mir gnädigerweise aus seiner Handwerkskiste geangelt. »Lass die nicht zu lange brennen, sonst werden die Batterien alle. Was willst du überhaupt damit? Ist dein Licht am Fahrrad wieder kaputt? Könnt ihr nicht besser auf eure Fahrräder aufpassen? Ihr seid doch nicht mehr fünf. Mama fährt die ganze Zeit mit platten Reifen rum. Da gehen die Felgen kaputt. Ihr habt überhaupt kein Gefühl für eure Fahrräder.« Das war alles, was Papa zur Cotsch-Suchaktion beizutragen hatte. Ich habe ja gleich gesagt, dass Papa sich nicht darum reißt, mitten in der Nacht nach Cotsch zu fahnden.

Na ja. Jetzt muss ich wenigstens nicht so dicht neben Papa im Auto sitzen und mir den Quatsch anhören, den er immer von sich gibt. Außerdem lässt er beim Autofahren immer diese afrikanische Klaviermusik mit Trommeln laufen, und die macht mich ganz nervös.

Mama klebt drinnen im hellerleuchteten Wohnzimmer an der Terrassentür und sieht zu mir rüber, wie ich die Gartentür hinter mir zuknalle. Die habe ich mal an einem Sonntagmorgen weiß gestrichen, weil die von innen ganz abgeblättert war. Genau wie die Haustür von Arthur. Als Papa das gemerkt hat, hat er einen Anfall gekriegt: »Seit wann streichst du unsere Türen? Siehst du hier überall die runter gelaufenen Tropfen? Jetzt kann ich die ganze Tür noch mal abschleifen!« Papa hätte die Tür sowieso abschleifen müssen, weil die Farbe ja abgeblättert war. Aber das hatte er in dem Moment wohl ganz vergessen. Außerdem muss Papa nicht wissen, was ich mit der Taschenlampe will. Das ist meine Sache.

Papa kümmert sich echt lieber um das Wohlergehen von Taschenlampen und Nachbarskindern als um seine eigenen Töchter. Wie damals in Schweden, als wir mit Gérard-Michel, Dorle und ihrer fetten Tochter Conny im Urlaub waren.

Papa, Conny und ich waren in einem kleinen Supermarkt einkaufen, und plötzlich hat Conny mit so einer erwachsenen Stimme zu Papa gesagt: »Ich brauche Binden!« Papa hat ganz professionell getan: »Dann such dir mal welche aus!« Und Conny hat sich in dem kleinen Supermarkt ein Päckchen Binden ausgesucht. Die hat Papa fachmännisch an der Kasse bezahlt. Das war aber noch nicht alles. Als wir später zusammen in den Dünen am Strand sitzen, zwängt sich die fette Conny mit ihren dicken Brüsten in ihren Bikini. Zum Warmwerden schlägt sie ein paar Purzelbäume und sagt dann: »Ich muss mal meine Binde wechseln!« Und schon zieht sie sich ihr kleines Bikini-Höschen bis zu den Kniekehlen runter, rupft die alte, voll-

8

geblutete Binde raus, wirft sie hinter das nächste Dünengrasbüschelchen und klebt sich eine neue »Vorlage« rein. Wir sitzen starr vor Schreck auf unseren Handtüchern. Mama, Papa, Cotsch, Gérard-Michel, Dorle und ich. Am Abend diskutieren Mama, Cotsch und ich im Ferienhaus über den Vorfall. Und Papa sagt beim Feuermachen im Kamin: »Ist doch schön, wenn jemand so normal mit seinem Körper umgeht!« Und es ist auch schön, wenn sich wenigstens einer um die Erhaltung der unberührten Natur sorgt. Papa hat am Ende tatsächlich die vollgeblutete Binde von Conny mit den Fingern aufgehoben und zu einem Mülleimer getragen. Ich habe zu Mama rüber geguckt und ich war mir sicher: Die fängt gleich an zu weinen. Hat sie aber nicht. Manchmal ist Mama sehr tapfer. Ich glaube, irgendwann bastel ich ihr aus Alufolie eine Tapferkeitsmedaille. Wirklich, Mama hat es nicht leicht!

Jetzt stehe ich auf dem Hof, der hinter unserem Garten liegt. Direkt unter der Laterne. Ha! Alleine. Allein auf mich gestellt. Jetzt flitze ich erst mal um den Häuserblock herum, knie mich vor Arthurs Haustür nieder und leuchte mit Papas Taschenlampe durch seine Briefklappe. Wenn ich das erledigt habe, düse ich schnell zum Billardschuppen nach Forst, ziehe Cotsch da raus und hoffe, dass sie sich nicht wehrt.

Manchmal hat Cotsch ja schon damit gedroht, wegzulaufen oder nicht mehr nach Hause zu kommen. Vielleicht ist das heute die Nacht, in der sie ihre Drohung wahr

8

macht. Bitte nicht. Die ist bestimmt mit Antoine zum Billardschuppen gefahren. Viel anderes kennt Cotsch ja nicht. Schule, Billardschuppen und Frau Thomas. Hauptsache, ich kann Cotsch klar machen, dass sie nicht wieder mit Antoine in Dorles Auto steigen soll. Ich habe keine Lust, in so einer Kaschemme mit Cotsch rumzudiskutieren. Ich ziehe an ihrem rechten Arm und mit dem linken klammert sie sich womöglich noch an Antoines Jacke oder dem Tresen fest und schreit ganz laut:

»Ich will euch nie wieder sehen! Ihr hasst mich doch alle! Lasst mich in Ruhe! Ich bleibe hier! Ihr könnt mich alle mal am Arsch lecken!«

Dann werde ich versuchen müssen, ruhig zu bleiben. Ich werde immer wieder sagen müssen:

»Bitte bitte, Cotsch, komm mit! Mama macht sich Sorgen!«

Und Cotsch schreit garantiert:

»Mama macht sich höchstens Sorgen, dass sie einen Herzinfarkt bekommt! Hau doch ab, du Mamababy! Ihr seid doch alle froh, wenn ich nicht mehr da bin!«

»Das stimmt doch gar nicht, Cotsch! Das weißt du genau!«

»Leck mich am Arsch!«

Und dann geht es immer so weiter. Und inzwischen haben alle Anwesenden aufgehört, Billard zu spielen. Die Musik ist aus. Alle glotzen mich an und tun so, als ob es bei ihnen in der Familie immer ganz bequem zugehen würde.

8

Scheiße. Ich wette, diese ganzen Billard spielenden Tölpel kommen aus total kaputten Familien. Jeder kommt aus einer kaputten Familie. Unsere ist vielleicht sogar noch eine der heilsten. Nehmen wir mal Bettina. Die dicke Bettina aus meiner Klasse. Die musste bei ihrem sterbenden Papa noch Mund-zu-Mund-Beatmung machen, als ihm schon das Blut aus Mund und Nase lief. Und das Ganze hat nicht mal was gebracht. Oder Iris. Von der ist auch der Vater gestorben. Oder Arthur. Mein Herz Arthur. Der ist ganz alleine auf der Welt. Unterm Strich macht das keinen guten Eindruck, was die Bilanz von heilen Familien angeht. Ihr Weltenzerstörer! Vorsichtshalber werde ich mir, sobald ich den Billardsalon betreten habe, eine Zigarette anzünden, damit sich die Idioten nicht gleich fragen, was ein fünfzehnjähriges Mädchen so spät in so einer miesen Spelunke verloren hat. Ich werde an meiner Zigarette ziehen und rumlächeln und so tun, als wäre nichts los. Genau so, wie ich das immer bei Papa mache. Scheiße. Hauptsache, Cotsch spielt mit. Die schreit wirklich schamlos überall rum, wenn es ihr gerade in den Kram passt.

Vergessen wir diese Geschichte mal kurz und konzentrieren uns ganz und gar auf den dunklen, schmalen Gang zwischen den beiden Häuserreihen und darauf, dass ich da durch muss. Ich schwinge mich auf mein Rad und gebe Gas. Ich flitze durch den dunklen Tunnel. Rechts und links von mir auf den Mauern wächst Knöterich vermischt mit Goldregen. Die Blüten streifen über meine Haare.

8

»Goldregen ist giftig!« sagt Mama. Das Gift klebt auf meiner Kopfhaut und ich hoffe, ich kriege davon keinen Ausschlag. Oder ich kratze mich am Kopf und stecke danach die Finger in den Mund, weil die Fingerkuppen so trocken sind. Dann habe ich den Mist auf meiner Zunge und verrecke wie die notgeilen Mönche in *Im Namen der Rose*. Den Film mussten wir uns mal auf Video im Religionsunterricht reinziehen. Von der Sexszene in der Klosterküche war ich nachhaltig sehr beeindruckt. So eine Art von sexueller Begegnung wünsche ich mir. Da schien wirklich Liebe mit im Spiel zu sein. Aber erst mal wünsche ich mir, dass von den Mauern keine bösen Männer auf mich runterspringen. Mir den Mund zuhalten und mich in den Ginsterbusch von Schwedters ziehen.

Schwedters Ginsterbusch wächst auf der rechten Seite am Ende vom dunklen Gang. In dem Gestrüpp unter dem Ginsterbusch vergammeln ganz viele Schokoladentafeln von mir. Die schmeiße ich da immer rein, wenn ich wieder einen Fressanfall habe und mich davor schützen will, alle Schokoladentafeln aufzuessen, die bei uns im Küchenschrank liegen. Ich habe die Erfahrung gemacht, dass es nichts bringt, die Dinger in den Müll unter der Küchenspüle zu schmeißen. Bei einem richtigen Fressanfall hole ich die ohne Ekel wieder raus. Nur beim Ginsterbusch von Schwedters habe ich echte Bedenken, weil ihr Hund Roy da immer reinmacht. Und genau an dieser Stelle, wo Schwedters ihren Ginsterbusch stehen haben, hatte ich

8

meinen ersten Fahrradunfall. Das ist schon sehr lange her. Bestimmt elf Jahre. Jetzt fahre ich durch diesen dunklen schmalen Gang, und dieses Mal ist er nicht sonnendurchflutet wie damals, als ich meinen ersten Fahrradunfall hatte.

Der schwarze Gang liegt hinter mir. Jetzt liegt Arthurs Vorgarten mit dem verdorrten Rosenstrauch vor mir. Und die weiße, abgeblätterte Haustür mit dem silbernen Briefschlitz. Ich habe versprochen, ich leuchte rein. Und genau das mache ich jetzt. Ich parke mein Fahrrad unter dem Baum, der bei Frau Heidenreich im Vorgarten steht. Das hätte die bestimmt nicht gerne, wenn sie das mitbekommen würde, wie ich ihre lila Stiefmütterchen platt trete. Aber die schläft garantiert schon. Die geht immer früh ins Bett, weil sie von ihrem Mann geschieden ist und ihre Kinder schon lange aus dem Haus sind.

Bei Arthur ist alles dunkel. Ich leuchte mit Papas Taschenlampe den Weg zur Straße runter. Arthurs Moped ist weg. Wahrscheinlich verkauft er gerade seinen zarten jugendlichen Körper an alte verfaulte Herrschaften. Arthur tut mir wirklich Leid. Und jetzt bin ich auch noch so frech und knie mich vor seinen Briefschlitz, um das Innere seines Nestes abzuleuchten. Vorsichtig die Klappe vom Briefschlitz hochklappen und nicht loslassen, sonst gibt das ein Geschepper, bei dem sogar Frau Heidenreich aus ihrer Kiste fällt. Dann kullert sie auf dem Boden rum, rappelt sich auf, humpelt zum Fenster. Guckt raus. Als Erstes

8

sieht sie mich von hinten, vor Arthurs Haustür auf dem Fußabtreter hocken. Mit Papas Taschenlampe in der Hand. In seinen Briefschlitz leuchtend. Schönes Bild. Zu allem Überfluss kommt ihr noch die Idee, dass ich was mit Arthur habe und mich heimlich mit ihm treffe, wenn meine Eltern schlafen. Sie könnte denken, dass ich ein unartiges Mädchen bin, was verbotenerweise mit dem Nachbarsjungen anbandelt. Oh, das würde Mama gar nicht freuen. Aber Frau Heidenreich wüsste auch, dass sie bei Papa gleich mal nachforschen könnte, wenn er bei uns im Vorgarten an den Rosen rumschnippelt.

Ich kenne niemanden, der neugieriger als Frau Heidenreich ist. In ihrem Leben passiert ja sonst nichts Aufregendes. Die macht nichts anderes, als ihre Stiefmütterchen zu gießen und das ganze Haus von Staub zu befreien. Mama sagt jedes Mal, wenn sie Frau Heidenreich beim Einkaufen getroffen hat: »Diese Frau ist so einfach gestrickt. Das merkt man schon daran, wieviel Putzmittel die immer einkauft!« Und nachdem Frau Heidenreich ihr Haus keimfrei gemacht hat, versucht sie, ihre Lebenszeit mit Rumschnüffeln rumzukriegen. Die vertraut keinem. Von jedem erwartet sie das Schlimmste. Nur, weil ihr Mann mit einer anderen abgezogen ist. Also wird sie versuchen, bei Papa was Spannendes über mich zu erfahren, womit sie sich ein paar Tage lang beschäftigen und in der Siedlung herumerzählen kann. Doch bevor sich Frau Heidenreich an die Ermittlungen macht, fällt ihr Blick auf mein Fahrrad, das an

8

ihrem Baum lehnt, und darunter die zertrampelten Stiefmütterchen. Den Spaß kann ich mir sparen.

Besser wäre, Arthur würde seine abgeblätterte Haustür aufmachen, mich an die Hand nehmen und in sein Haus ziehen. Dann bleiben wir ein paar Jahre auf seiner Matratze sitzen, hören Musik und rauchen Zigaretten. Ich weiß nur, dass Cotsch ausrasten wird, wenn sie doch noch nach Hause kommen sollte und erfährt, dass ich auch verschwunden bin. Die kriegt garantiert einen Schreikrampf und haut ihre verdammte Geige am Türrahmen zu Schrott. Zuerst wissen Mama und Papa nicht, was los ist. Papa hat schon wieder den Reflex, unten im Keller zu verschwinden. Aber nach und nach kristallisiert sich heraus, dass Cotsch nicht damit klarkommt, dass sich jetzt wieder alles auf mich konzentriert und sich Sorgen um mich macht.

»Immer dreht sich alles nur um Lelle! Was mit mir ist, interessiert mal wieder keine Sau. Ich bin echt nicht wichtig. Na ja. Kümmert euch um Lelle. Ich haue ab!«
Cotsch will weglaufen. Hat schon die Klinke in der Hand. Dieses Mal hält Papa sie am Oberarm fest.

»Cotsch, bitte bleib hier!«
Seine Stimme klingt weich. Er drückt sie an sich und streicht ihr zärtlich übers Haar.

»Dein Vater ist übergriffig!«
flüstert etwas in Cotschs Kopf. Sie reißt sich los:
»Lass mich los, du übergriffiges Schwein!«
Mama rennt hinterher, klammert sich an sie, entschuldigt

sich, dass sie sich Sorgen um mich macht. Sie will Cotsch nicht das Gefühl geben, dass sie nicht mindestens genauso wichtig ist wie ich. Cotsch kriegt eben nie mit, wie Mama fast vor Sorge draufgeht, wenn sie nachts nicht nach Hause kommt. Cotsch fühlt sich einfach immer ungeliebt. Na ja.

Ich hocke auf Arthurs Fußabtreter, leuchte durch den Briefschlitz, und ich darf nicht vergessen, dass ich mich dringend auf die Suche nach Cotsch machen muss. Es wird schließlich immer später und so spät sollten Mädchen nicht mit dem Fahrrad durchs Gelände fahren. Mir wird komisch bei dem Gedanken, allein durch die Felder zu strampeln. Im übrigen habe ich das scharfe Küchenmesser zu Hause liegen lassen. Papas Taschenlampe leuchtet weiter in Arthurs Flur, und ich habe noch nicht mal nachgeguckt, wie es bei ihm aussieht. Im Moment interessiert mich fast eher, ob ich nachher wieder heil zurückkehren werde oder ob mir etwas Schlimmes im Wald widerfahren wird. Ich möchte nicht von einem besoffenen Kerl aus den Hochhäusern halbtot unter altem Laub und modriger Erde verscharrt werden. Auf einmal habe ich es eilig, die Suche hinter mich zu bringen. Ich schalte die Taschenlampe aus, stehe auf. Drehe mich um. Bewegungslos, die Laterne von Frau Heidenreich im Rücken, steht Arthur am Fuß der kleinen Treppe. Da ist wieder dieser Heiligenschein um seinen Kopf. Wie gestern Abend, nachdem er Mama angefahren und sich von mir an der Tür verabschie-

det hatte. Und sein T-Shirt unter der kleinen, engen Jeansjacke ist tatsächlich geringelt. Rot. Gelb. Grün. Hellblau.
»Was machst'n du da?«
»Entschuldigung!«
Für einen Moment verberge ich Papas Taschenlampe hinter meinem Rücken. Dann wird es anstrengend, und Arthur weiß sowieso, dass ich das Ding dabei habe.
»Was hast'n du da grade gemacht?«
»Ich hab in dein Haus geleuchtet!«
»Warum?«
»Ich wollte wissen, ob du da bist!«
»Machst du das öfter?«
»Nein. Hab ich heute zum ersten Mal gemacht!«
»Warum klingelst du nicht einfach?«
»Ich weiß nicht. Ich wollte dich nicht stören. Ich dachte, du schläfst!«
»Hör auf, durch meinen Briefschlitz zu leuchten!«
»Ja! Entschuldigung. Tut mir Leid!«
Arthur macht heute Nacht einen ganz anderen Eindruck auf mich. So klar. Gar nicht zittrig und aufgeregt. Eher ruhig und entspannt. Er sieht mich so direkt an. Das macht mich nervös. Ich mag nicht so direkt angesehen werden. Ich gucke zu Boden. Da steht Arthurs rote Tasche, die er sich um den Oberkörper schnallt, bevor er auf sein Moped steigt. Ich habe gar nicht gehört, wie er die auf den Boden gestellt hat. Sonst hätte ich mich ja erschrocken umgedreht. Arthur zieht kurz die rechte Hand aus seiner

8

Hosentasche, streicht seine Haare zurück, steckt die Hand wieder zurück in die Tasche. Ich streiche meine Haare ebenfalls aus der Stirn, und dafür muss ich den Kopf heben.

Arthur und ich stehen im Schein der Laterne und überlegen, was wir sagen sollen. Ich weiß auf alle Fälle nicht, was ich sagen soll. Ich dachte ja, Arthur ist nicht da.

»Wie geht es deiner Mutter?«
»Nicht so gut!«
»Hat sie eine Gehirnerschütterung?«
»Nee, das nicht. Aber meine Schwester ist verschwunden, und jetzt macht sie sich Sorgen!«
»Wo ist denn deine Schwester?«
»Keine Ahnung. Vielleicht Billard spielen. Ich muss mal nach ihr suchen!«
»Zu Fuß?«
»Nö. Mit dem Rad!«
Ich nicke rüber, in Richtung Frau Heidenreichs Vorgarten, wo mein Fahrrad auf den plattgetretenen Stiefmütterchen steht.
»Ganz alleine?«
»Ja!«
»Soll ich mitkommen?«
»Wohin?«
»Na, deine Schwester suchen?«
»Hast du Lust?«
»Warum nicht?«

8

»Das wäre nett!«
Das wäre wirklich nett. Sehr nett sogar. So was. Arthur steht da mit seinem verrückten Heiligenschein um den Kopf herum, ich leuchte in sein Haus rein, und er fragt mich, so als wäre nichts passiert, ob er meine Schwester suchen helfen darf. Das ist wirklich nett. Jetzt hebt er seine Tasche auf, springt mit einem Satz neben mich auf den Fußabtreter. Er steht ganz dicht neben mir. Ich atme tief durch die Nase ein. Ein leises Pfeifgeräusch kommt aus meiner Nase. Ich kann nichts riechen. Hoffentlich hat Arthur das Pfeifen nicht gehört. Sein Hals ist ganz nah an meinem Gesicht. Seine Haare fallen ihm vors Gesicht, als er die Tür aufschließt.
»Ich bring nur schnell meine Tasche rein!«
»Okay!«
Arthur stößt die abgeblätterte Tür auf, knipst das Licht in Windfang und Flur an. Und schon sind wir drinnen. Ich mache ein paar Schritte hinter ihm her, in den Flur. In unseren Flur hat Papa hellgelben Teppich geklebt. Hier wurde feinstes Stäbchenparkett verlegt. Das ist überhaupt nicht abgenutzt. Sehr stilvoll. Von so einem feinen Stäbchenparkett träumt Rita schon lange. Aber sie meint: »Das können wir uns nicht leisten!« Darum ist sie auch so sauer, dass wir uns letzten Winter im Wohnzimmer haben Parkett legen lassen. Da hat Rita zu Mama gesagt: »Ich kann nicht mehr zu euch kommen. Ich ertrage das nicht, dass ihr Parkett habt und wir nicht!« Arthur lässt seine Tasche fallen,

8

tritt auf die Hacken seiner weißen Turnschuhe und zieht die nackten Füße raus.

»Ich komme gleich wieder!«

»Okay!«

Arthur verschwindet in dem linken, vorderen Zimmer. Das ist mein Zimmer, drüben bei uns zu Hause. An den Wänden im Flur hängen keine Bilder. Bei uns im Flur ist alles voller hellblauer Aquarelle gehängt, die Mama jedes Jahr aus »nachbarschaftlichen Gründen« beim Weihnachtsbasar kauft. Die Glastür zum Wohnzimmer ist angelehnt. An der Wand zur Küche steht ein Tisch mit zwei Stühlen. Ohne Tischdecke. Genau wie bei uns. Nur, dass wir vier Stühle und eine gelb karierte Tischdecke haben. In dem Zimmer, in dem Arthur verschwunden ist, wird eine Schublade aufgezogen. Dann sagt Arthur: »Mist!« und das Licht geht an. Ich bewege mich keinen Millimeter. Ich will nicht neugierig wirken. Ich bleibe stehen und warte. Im Wohnzimmer steht die Terrassentür offen. Der halb zugezogene Vorhang bläht sich in der Abendluft. Ich summe leise vor mich hin. Mein Lieblingslied von *Marillion*. Ich summe sehr leise, damit Arthur mich nicht hört. Aber in Gedanken singe ich ganz laut mit. Voller Liebe, Wärme und Gefühl:

I was walking in the park dreaming of a spark
When I heard the sprinklers whisper,
Shimmer in the haze of summer lawns.
Then I heard the children singing,

They were running through the rainbows.
They were singing a song for you.
Well it seemed to be a song for you,
The one I wanted to write for you, for you.

Die Schublade geht wieder zu. Das Licht geht aus, und Arthur steht vor mir im Flur, mit einem Lächeln im Gesicht und einem Pullover über dem Arm.

»Hier, zieh den an. Auf dem Moped wird's kühl!«
Irgendwann will ich Arthur das Lied vorsingen. Voller Liebe, Wärme und Gefühl. *When you love me, dilly, dilly, I will love you.* So stelle ich mir das vor.

9

Die Nacht ist jung. Ich habe Arthurs Kapuzenpulli an. Wir flitzen auf seinem Moped um die Siedlung. Alles ist ruhig. Aus den meisten Fenstern scheint das Licht gedämpft hervor. Alle haben Abendbrot gegessen. Lesen Zeitung oder sehen fern. Früher haben Mama und Papa nach dem Abendbrot oft nebeneinander auf dem Sofa gesessen und ferngesehen. Manchmal hat Papa dabei seinen Arm um Mamas Schulter gelegt. Ab und zu steckte seine Hand sogar in ihrem Blusenausschnitt und die Knöpfe waren bis zum Bauchnabel aufgeknöpft, so dass man ihr Unterhemd mit den kleinen Löchern sehen konnte. Mama hat in all ihren weißen Unterhemden Löcher. Besonders unter den Armen. Wenn Papa seine Hand bei Mama drin hatte, bin ich nicht mehr ins Wohnzimmer gegangen. Ich habe höchstens meinen Kopf zur Tür rein gesteckt, »Gute Nacht!« gesagt und bin in mein Zimmer gegangen. Ich habe auf meinem Bett gelegen und mir vorgestellt, wie es wäre, wenn eine Jungenhand über meinen Rücken streichen würde. Und dann habe ich mich gefragt, wann das endlich der Fall sein wird.

Und plötzlich ist es fast so weit. Ich presse meinen Brustkorb an Arthurs schmalen Rücken mit dem aufge-

9

nähten Adler. Meine Arme schlinge ich um seinen Brustkorb. Vorne, auf seiner Brust, treffen sich meine Hände und klammern sich aneinander. Ich habe keinen Helm. Arthur hat gesagt, ich soll mich an ihm festhalten. Zuerst, als wir aufgestiegen sind, war es komisch, mich so eng an ihn zu lehnen. Aber je schneller Arthur jetzt fährt, um so besser fühlt es sich an. Ich bin froh, dass Arthur mein Gesicht nicht sehen kann. Ich lächle. Der Fahrtwind bläst mir ins Gesicht. Meine Haare fliegen zurück. Die glänzenden Autos, die frisch poliert unter den Laternen am Straßenrand geparkt sind, ziehen wie Silberschweife an uns vorbei. So ähnlich habe ich mir die Fahrt mit Nick, dem Typen aus »Ein Trio mit vier Fäusten« vorgestellt. Wir zwei alleine. Im Fahrtwind. Arthurs Haare wehen mir ins Gesicht. Kitzeln mich.

Es fühlt sich fast wie früher an, als ich noch ganz klein war. Als ich noch so klein war, dass ich zu klein war, selbst Fahrrad zu fahren, saß ich in der kleinen weißen Blechschale, die an Mamas Lenkstange befestigt war. Cotsch saß bei Papa vorne. So sind wir im Dunkeln durch Schwedens Landschaft gefahren. Vom Strand zurück zum Ferienhaus. Mama und Papa haben ruhig in die Pedale getreten. Mamas Knie streiften bei jedem Tritt meine nackten Oberschenkel. Ich habe auf meiner Kapuzenpullikordel gekaut und in den Himmel zu den Sternen geguckt. Weit weg von uns rauschte das Meer. Über uns und neben uns rauschten die Bäume, und die Gräser rieben sich im Wind aneinander. Manchmal haben Mama und Papa geredet. Ihre Stimmen klangen weich und ruhig. So freundlich und warm. Genau wie die Luft an diesen Abenden.

Heute Nacht ist die Luft warm. Und freundlich. Arthur sucht mit mir nach Cotsch. Zuerst wollen wir in dem Billardladen nachsehen. Wir schlingern auf dem Moped über den verwurzelten Waldweg. Am Fußballplatz vorbei. Der kleine Platz auf der Lichtung gehört zu den Hochhäusern. Auf den Bänken aus halben Baumstämmen sitzen die verirrten Säufer aus den Hochhäusern. In den Hochhäusern wohnen fast nur Säufer. Tagsüber hocken sie auf der kleinen Waschbetonmauer vor dem Einkaufszentrum und trinken Bier. Und nachts hocken sie auf den Bänken im Wald und saufen weiter.

Das Motorengeräusch ist laut. Arthur fährt, und ich halte mich an ihm fest. Wir kommen aus dem Wald, auf den Feldweg. Hier ist Cotsch vor Jahren mit einer Frau auf einem Fahrrad zusammengestoßen. Die Frau hat Cotsch aus Wut eine geklebt. Und Papa hat der Frau eine geklebt und geschrien: »Rühr meine Kinder nicht an! Du Schlampe!« Hier auf dem freien Feld ist es heller als im Wald. Die Luft ist mild. Ich kann gar nicht glauben, dass ich bei Arthur hinten auf dem Moped sitze. Ganz dicht an seinem Körper. Meine Arme um seinen Brustkorb. Arthur. Arthur.

Arthur und ich fahren durch die Nacht. Über die Brücke. Das gelbe Vorderlicht schiebt sich über die holprige

9

Erde. Wir folgen ihm auf dem kleinen Moped. Die Brücke runter, an den wilden Rosenbüschen entlang, Richtung Freibad. Jetzt an den ersten Häusern vorbei. Diesen Weg sind Papa, Cotsch und ich früher mit dem Fahrrad gefahren. Hin zum Freibad und zurück. Das ist lange her. Arthur habe ich nie im Freibad gesehen. Arthur habe ich früher sowieso nur selten gesehen. Eigentlich nur, wenn er den Mittelweg der Siedlung entlang kam. Aus Richtung der Apotheke. Er hatte rechts und links zwei schwere Plastiktüten in den Händen. Vollgestopft mit Medikamenten. Mama hat gesagt: »Arthurs Eltern sind tablettensüchtig!« Einmal in der Woche ist Arthur für seine Eltern Tabletten holen gegangen. Seine Eltern habe ich nie gesehen. Mama hat gesagt: »Die trauen sich nicht mehr auf die Straße. Die sind dafür zu benebelt!«
»Du kannst absteigen!«
»Was?«
»Du kannst absteigen. Wir sind da!«
Ich steige ab. Und Arthur steigt ab. Ich habe ganz weiche Knie. Richtig komisch fühlt sich das an, wieder festen Boden unter den Füßen zu haben. Ich taumel ein bisschen hin und her. Auf diesen Moment habe ich mich die ganze Zeit gefreut. Aber jetzt bin ich gerade ganz woanders. Bei Arthurs Eltern und deren Tablettensucht.
»Alles in Ordnung?«
»Ja!«
»Na, dann komm!«

Arthur geht vor und wirft seinen Kopf in den Nacken. Das macht er, damit ihm die langen Haare nicht vor dem Gesicht rumhängen. Sehr lässig. Arthur hält mir die Tür auf. Lächelt mich an. Dabei hat er in seinem Leben schon ordentlich was durchmachen müssen. Und Mama und Papa haben nichts Besseres zu tun, als ihn zu verdächtigen, dass er bei uns einbricht, wenn wir nicht da sind. Arthur hat echt andere Sorgen. Aber das zeigt er nicht. Er lächelt mich an. Und ich grinse zurück. Arthur anzugrinsen ist echt das beste!

10

Nebeneinander drängen wir in den stickigen, verrauchten Billardsalon. Überall stehen Leute mit Biergläsern in den Händen. Sie rauchen Zigaretten, lachen, trinken. Das Licht ist schummrig. Ich weiß nicht, in welche Richtung wir gehen sollen. Die Musik ist laut. Die Leute schwingen ihre Hüften im Takt. Ich war noch nie hier. Arthur war noch nie hier. Und wir wissen nicht, wo die Billardtische stehen. Arthur steht neben mir und sieht sich um.

»Hier lang!«
»Was?«

Arthur greift nach meiner Hand und zieht mich durch das Gedränge. Meine Hand liegt in Arthurs Hand. Das fühlt sich gut an. Arthur hält mich fest. Ellbogen stoßen in meine Seite, in meinen Rücken. Die Leute machen einen Schritt zur Seite. Da vorne ist die Bar. Nur Cotsch ist nicht da.

»Wo sind denn die Billardtische?«

Arthur zeigt mit dem Finger über meinen Kopf zum Ende des Raumes.

»Ich glaube, da hinten. Hinter dem Durchgang. Willst du hier warten und ich gucke eben, ob ich deine Schwester finde?«

10

»Nein, ich komme lieber mit!«

»Dann komm!«

Arthur zieht an meiner Hand, bahnt uns einen Weg durchs Gedränge. Gut, dass er dabei ist. Die Männer gucken mich komisch an. Irgendwie gierig. Genau wie Gérard-Michel. Jemand grabbelt mir am Po rum. Das ignoriere ich einfach. Oder soll ich es Arthur sagen? Lieber nicht. Hinterher glaubt er noch, er muss sich für mich rächen.

»Mich hat jemand angegrabbelt!«

»Was?«

»Mich hat gerade jemand angegrabbelt!«

»Wo?«

»Mir hat jemand in den Po gekniffen!«

»Einfach ignorieren!«

Arthur zieht mich weiter. Da hinten ist Cotsch. Ich sehe ihre Haare fliegen. Leute, die tanzt wie wild im Durchgang zu den Billardtischen. So wild tanzt sonst keine hier. Eigentlich tanzt hier niemand. Die schwingen bloß alle mit den Hüften. Aber Cotsch kennt da nichts. Sie windet sich um so einen Typen mit ein paar blonden Haaren herum. Ihr Rock fliegt hoch. Das ist auf jeden Fall nicht Antoine. Der hatte ja diesen Eierkopf mit der spitzen Nase. Dieses Exemplar ist rot und schwitzig im Gesicht. Oder ist das das Licht? Er sieht aus wie eins von den drei kleinen Comic-Schweinchen. Cotsch wirbelt hin und her und hält sich dabei an seiner Gürtelschnalle fest. Sehr eindrucksvoll. Jetzt lächelt sie ihn ganz verwegen an, mit so einem gewissen

10

Augenaufschlag. Sie macht seinen Gürtel auf. Wo ist Antoine? Das Ferkel lacht. Cotsch macht tatsächlich seine Hose auf und steckt ihre Hand rein. Himmel, das macht man doch nicht! Das Ferkel lacht albern und versucht, Cotschs Hand wieder rauszuziehen. Da hinten am bunt blinkenden Flipper lehnt Antoine. Mit der freien Hand winke ich ihm zu, und Cotsch macht weiter. Ihr halber Unterarm ist schon in der Hose vom Ferkel verschwunden. Leute, das ist meine Schwester! Antoine sieht mich nicht. Er guckt zu Cotsch und nuckelt an seiner Bierflasche. Sie geht in die Knie und versucht, die Hose vom Ferkel mit nach unten zu ziehen. Ferkelchen hat anscheinend etwas dagegen, so wie der seinen Hosenbund festklammert. Cotsch drückt ihr Gesicht zwischen seine Beine und zerrt weiter an den Hosenbeinen rum. Wie so ein kleiner bissiger Hund. Arthur dreht sich zu mir um und lässt meine Hand los.

»Ist das deine Schwester?«

»Ja!«

Das ist mir nun doch ein bisschen unangenehm vor Arthur. Was der jetzt wohl von mir denkt?

»Ich glaube, du solltest deine Schwester da mal lieber wegholen!«

»Meinst du?«

»Ja!«

Wie soll ich das denn bitte anstellen? Warum macht Antoine das nicht? Der ist doch offensichtlich mit Cotsch her-

10

gekommen. Und warum zieht Cotsch jetzt diese Flittchen-Nummer ab? Ich verstehe wirklich die Welt nicht mehr. Soll ich einfach zu Cotsch hingehen und sagen: »He Cotsch, ich bin's! Komm mal da weg!« Kacke, die rastet garantiert aus. Genau wie damals, als Mama sie aus dem beschlagenen Auto von Rainer geholt hat. Cotsch hängt sich mit ihrem ganzen Gewicht an die Ferkel-Hose. Anscheinend wird sie sich erst zufrieden geben, wenn das Ding unten ist. Inzwischen gucken schon alle. Sie stehen im Halbkreis um Cotsch und das Ferkel herum und haben aufgehört, sich zu unterhalten. Sie gucken, stoßen sich breit grinsend an, und als Nächstes werden wir Zeugen, wie das Ferkel Cotsch plötzlich an den Haaren packt und wegschleudert. Meine Schwester fliegt auf die Knie, und das Ferkel macht eilig wieder seine Hose zu. Die Leute lachen. Stoßen sich an. Ich gehe besser mal zu Cotsch hin und helfe ihr beim Aufstehen.

»Cotsch, alles klar?«

»Lelle! Was machst du denn hier?«

»Ich hab dich gesucht!«

Auf einmal steht Antoine neben uns. Sehr anständig. Der kann mir gleich mal helfen, Cotsch wieder auf die Füße zu stellen. Aber anstatt mir zur Hand zu gehen, spuckt er auf Cotsch runter. Mitten auf ihre Stirn. Das ist eklig.

»Fuckin' bitch!«

Was soll das denn jetzt? Der hat ja wohl überhaupt kein Benehmen. Er lässt Cotsch einfach am Boden liegen und

10

geht. Er hat tatsächlich auf meine Schwester draufgespuckt. Was für ein Arschloch! Dem werde ich was husten. Aber erst mal muss ich Cotsch hier wegschaffen, sonst kommen noch andere Leute auf die Idee, sie vollzurotzen. Das könnte unter Umständen richtig widerlich werden.

»Komm, steh auf, Cotsch!«
»Mein Knie tut weh!«
»Kannst du aufstehen?«
»Mein Knie tut so weh!«
»Steh erst mal auf. Dann können wir rausgehen!«
»Ich kann nicht!«
»Du musst!«
»Ich kann nicht. Mein Knie tut weh. Ich glaub, das ist gebrochen!«
»Scheiße!«

Bitte nicht schon wieder. Cotsch bricht sich ständig die Knochen. Die muss nur mit dem Fuß umknicken, schon ist er gebrochen. Ich wette, ihr Knie ist wirklich gebrochen. Was mache ich denn jetzt? Cotsch liegt auf dem Boden und weint. Ihre Haare kleben in ihrem feuchten, sommersprossigen Gesicht und die Tränen kullern ihr nur so aus den Augen. Arthur hockt sich neben uns und wischt meiner Schwester mit einem Taschentuch die Spucke von der Stirn. Das ist intim. Er lächelt sie an, schiebt seine Arme unter ihre Schultern und Knie, und ich habe ein Déjà-vu. Das ist ja genau wie gestern, als er mit Mama auf dem Arm bei uns geklingelt hat. Langsam muss Arthur echt einen

10

komischen Eindruck von meiner Familie haben. Ständig muss er irgendwelche Mitglieder rumschleppen, weil sie verletzt sind. Und eigentlich sollte er mich auf seinen Armen tragen. Aber das kann ich wohl erst mal auf die lange Bank schieben. Der Platz ist besetzt. Cotsch legt ihre Arme um Arthurs Nacken, ihr Gesicht an seine Brust. Schönen Dank. So nah bin ich Arthur noch nicht gekommen. Ich werfe der Kreatur mit den blonden Haaren und dem Ferkel-Gesicht einen fiesen Blick zu. Am liebsten würde ich dem gegen das stinkige Schienbein treten. Arschloch! Der hat mir echt die ganze Tour versaut, und meiner Schwester das Knie gebrochen. Vielleicht sollte ich mir seine Adresse notieren, damit wir den bei Gelegenheit anzeigen können. Der kann doch nicht einfach Cotsch zu Boden schleudern. Das ist Gewalt gegen Frauen. Tja, ich glaube, Ferkelgesicht kriegt langsam auch Bedenken. Der guckt so nervös hin und her und kichert. Ich wette, mein stahlharter Blick macht ihn ganz kirre. Dem zeige ich meinen Mittelfinger.

»Das hat ein Nachspiel!«

Super Satz! Den hat die Frau damals zu Papa gesagt, nachdem er ihr am Waldrand eine geklatscht hatte. Den Satz habe ich bis heute nicht vergessen, solche Angst hat er mir an dem Abend gemacht. Ich dachte echt, gleich steht die Polizei vor der Tür und verhaftet Papa. Aber die Frau hatte ja gar nicht unsere Adresse und deshalb gab es auch kein Nachspiel. Jetzt aber schnell hinter Arthur und Cotsch herlaufen, bevor der Typ auf die Idee kommt, mich auch noch über den Boden zu wischen. Da vorne schleppt Arthur Cotsch durch die Menge. Mann, Arthur hat echt was vom barmherzigen Samariter. Irgendwann hebt er sich an meiner Familie noch mal einen Bruch. So leicht ist Cotsch nämlich auch nicht. An der ist ganz schön was dran. Also, runder Hintern und runde Dinger. So was kann ja schon einiges wiegen. An mir hätte Arthur nicht so schwer zu heben. Da hat er aber Glück. Darum passen wir auch so gut zusammen, finde ich.

Ich befürchte, ich muss mich jetzt ganz alleine zum Typen hinter der Theke vorkämpfen und ihn bitten, einen Krankenwagen für uns zu rufen. Hauptsache, es kommt nicht noch mal jemand auf die blödsinnige Idee, mir irgendwo hin zu kneifen. Der könnte sich gleich zu uns in den Krankenwagen gesellen. Ich bin gerade richtig in Fahrt.

11

»Ihr schon wieder!« hat Doktor Seifert nur gesagt, als wir mit dem Sanitäter durch die Praxistür geschoben kamen. Seit zehn Jahren kommt Cotsch regelmäßig zu jeder Tages- und Nachtzeit zu ihm, um sich eingipsen zu lassen. Doktor Seifert sah nicht so richtig begeistert aus. Ich glaube, der hätte lieber weitergeschlafen. Aber mit nächtlichen Störungen muss man als Notarzt schon mal rechnen. Besonders, wenn man seine Praxis in dem Bezirk hat, in dem auch das legendäre Mädchen mit den Glasknochen zu Hause ist. »Entschuldigen Sie die Störung!« hat Cotsch gesagt und den Schnott durch die Nase hochgezogen. Das macht Cotsch immer, wenn sie heult.

Ich drücke mir den Telefonhörer von Doktor Seifert ans Ohr. Die Sprechmuschel riecht eklig nach altem Speichel, und ich muss schon wieder an Gérard-Michels widerlichen Mundgeruch denken. Es tutet. Ich darf ausnahmsweise mal das Praxistelefon von Doktor Seifert benutzen, weil Cotsch ja ein Stammkunde von ihm ist. Cotsch heult immer noch. Das kann ich von Doktor Seiferts Schreibtisch aus bestens beobachten. Hinter der schweren Glastür, im hell erleuchteten Wartezimmer sitzen Arthur und Cotsch nebeneinander auf roten Plastik-

11

stühlen, die rundherum an die Wände geschraubt sind. Und Cotschs Oberkörper zittert in einem fort. Daran kann man genau erkennen, dass sie heult. Und zwar richtig.

Als wir vor dem Billardladen auf den Krankenwagen gewartet haben, hat Arthur Cotsch seine Jacke mit dem Adler über die Schultern gehängt. Dabei hat Cotsch gelächelt und »Danke!« gehaucht. Aber nicht auf so eine sexy Art. Mehr auf eine ganz traurige Art. Es tutet immer noch. Das ist komisch. Ist Mama etwa eingeschlafen, ohne zu wissen, was mit ihren Töchtern ist? Gute Idee! Das macht Mut. Meine Eltern liegen seelenruhig im Bett, während ich mich durch die Dunkelheit schlage und Cotsch vor dem Schlimmsten bewahre. Großartig! Meine Eltern lieben uns! Hauptsache, sie können sich die warme Decke über die Ohren ziehen.

»Hallo?«

»Schläfst du schon, Mama?«

»Nein, ich war nur auf dem Klo!«

»Ach so!«

»Wo bist du? Hast du Cotsch gefunden?«

»Ja!«

»Wo seid ihr?«

»Beim Eingipsen!«

»Was?«

»Beim Eingipsen!«

»Ist Cotsch was passiert?«

»Nein, die hat sich nur mal wieder das Bein gebrochen!«

11

»Wie das denn? Ist dieser mistige Antoine etwa mit Dorles Auto gegen einen Baum gefahren?«
»Nö, so ein Typ hat Cotsch geschubst!«
»Was für ein Typ?«
»Na, so ein Typ, in den sie eigentlich verliebt ist!«
»Antoine?«
»Nee, ein anderer!«
»Ist es schlimm?«
»Ich glaub, sie ist schon traurig, dass er sie geschubst hat!«
»Ich meine, ob sie schlimm verletzt ist!«
»Ach so! Keine Ahnung! Die haben das Bein gerade erst geröntgt!«
»Wie geht es Cotsch?«
»Ganz gut. Die heult die ganze Zeit!«
»Wo seid ihr denn?«
»Rate mal!«
»Weiß ich nicht! Bei Doktor Seifert?«
»Ja!«
»Ich ruf mir jetzt ein Taxi, und dann komme ich!«
»Nee, brauchste nicht. Cotsch und ich kriegen das schon hin. Außerdem ist Arthur auch hier!«
»Arthur? Hat Arthur Cotsch etwa geschubst?«
»Quatsch! Der hat Cotsch wie ein Profi gerettet!«
»Ich komme trotzdem!«
»Musste echt nicht!«
»Natürlich komme ich!«

11

»Na gut. Bis gleich!«
Toll, jetzt kommt Mama auch noch her. Dabei dachte ich, Arthur und ich könnten es uns ein bisschen im Wartezimmer gemütlich machen, solange Cotsch den Gips angeklatscht kriegt. Wir hätten uns über unsere Gefühle austauschen können. Und ich hätte rausfinden können, was Arthur für einen Eindruck von meiner Familie hat. Ich wette, der denkt bei sich: »Lelle ist die einzig normale Person in dieser ganzen durchgeknallten Familie!« Das würde ich jedenfalls als Außenstehender denken. Blöd! Echt blöd, dass sich Mama jetzt da zwischen klemmen muss. Na ja, vielleicht ist es für Cotsch ja ganz wichtig, dass sie merkt, wie Mama sich um sie sorgt. Ja, das ist bestimmt gut. Für ihre Psyche und für alles andere auch. Besonders für uns. Möglicherweise hört sie dann endlich auf, immer zu glauben, dass Mama und Papa sie nicht lieb haben. Also, von Mama weiß ich, dass sie Cotsch echt lieb hat, auch wenn sie immer zu mir sagt: »Du bist mein Lieblingskind!« Aber ich glaube, Mama sagt das nur, weil sie nicht will, dass ich auch noch mit dem »Ihr hasst mich doch alle!«-Scheiß anfange. Auf der anderen Seite steckt da echt ein Denkfehler drin. Wenn Mama ständig zu mir sagt: »Du bist mein Lieblingskind!«, ist es doch kein Wunder, dass Cotsch ganz schnell auf den Trichter kommt, dass sie das arme Aschenputtel ist. Aber das ist echt Blödsinn. Mama ist total stolz auf Cotsch. Mama sagt ganz oft zu mir: »Cotsch ist so fleißig! Um die muss ich mir keine Sorgen machen!« So was

11

sagt Mama nie über mich. Die hat eher einen entschuldigenden Tonfall in der Stimme, wenn sie mit irgend jemandem über mich spricht. »Na ja, Lelle interessiert sich nicht so für die Schule. Sie hat mehr so eine emotionale Intelligenz!« Was auch immer das heißen mag. Auf alle Fälle macht sich Mama große Sorgen, was mal aus mir wird. Ich meine, ich passe einfach nie in der Schule auf. Ich glotze lieber aus dem Fenster, male meine ausgemergelten, expressionistischen Kreaturen und zähle die Kalorien, die ich zu mir genommen habe. Im Kalorienzählen bin ich überhaupt gut. Egal, was für ein Menue man mir vorstellen würde, ich könnte sagen, wieviel Kalorien das hat. Da bin ich ein Profi. Ich kann echt die ganze Kalorientabelle aus der *Brigitte* auswendig. Die *Brigitte* macht ja immer so einen Zauber um Diäten. Mama hat mal zwei Wochen lang so eine *Brigitte*-Diät ausprobiert. Danach hat sie wieder aufgegeben. Aber ich habe die Kalorientabelle auswendig gelernt. Das ging ganz einfach, ohne Anstrengung. Mein Gehirn hat so richtig die Zahlen aufgesogen und abgespeichert. Aber danach fragt mich niemand. In so einem Kalorientest würde ich glatt eine Eins plus schreiben. Das hat was mit Leben zu tun. Das ist wichtig. Nicht der ganze andere Scheiß, den wir in der Schule lernen müssen. Ob ein Regenbogenfisch runde oder eckige Eier im seichten Wasser legt. So ein Mumpitz! Ich weiß jetzt schon, dass mir der Regenbogenfisch nie wieder im Leben begegnen wird.

Interessant wäre auch zu wissen, wie diese dicke Glastür zum Wartezimmer wieder aufgeht. Muss man da auf den Knopf links an der Wand drücken, oder was? Ich will ja nicht aus Versehen einen Alarm auslösen. Das wäre unangenehm. Egal. Ich drücke da jetzt einfach drauf. Aha! Die Tür geht auf. Ich schreite hindurch! Bonjour, mon amour! Cotschs tränenumwölbte Stirn, oder wie man das nennt, klebt immer noch an Arthurs Brust. Heißt das wirklich »tränenumwölbte Stirn«? Oma, also die Mama von Papa, hat Cotsch und mir, als wir klein waren, eine Kinderkassette mit dem Hörspiel »Die Schöne und das Biest« mitgebracht. Die haben wir immer vor dem Einschlafen in unseren Betten gehört. Das mochte Mama überhaupt nicht. Ich glaube, am liebsten hätte sie uns die Kassette wieder entwendet, weil sie meinte: »Die Kinder sollen sich nicht so beduseln lassen!« Aber weil die Mama von Papa uns die Kassette geschenkt hatte und Cotsch und ich vor Freude ganz aus dem Häuschen waren, musste Mama uns mit der Kassette ziehen lassen. Außerdem wäre Papa fuchsteufelswild geworden, hätte Mama uns das Ding weggenommen. Der hätte gesagt: »Du findest doch schon aus Prinzip alles schrecklich, was meine Mutter den Kindern schenkt!« Und dann wäre er beleidigt gewesen. Also hat Mama uns die Kassette hören lassen. Aber um sicherzugehen, dass Cotsch und ich wissen, dass sie nichts von Hörspielkassetten hält, hat sie jedes Mal, wenn wir uns die Geschichte reingezogen haben, gesagt: »Diese Stimmen sind so grässlich!« Und den Satz musste Mama wirklich oft bringen, weil wir uns die Geschichte bestimmt fünfzigtausend Mal angehört haben. Bis wir sie auswendig konnten. Und jetzt kann ich sie immer noch auswendig. Diese verwöhnte Kaufmannstochter heult sich auf dem Band so richtig die Seele aus dem Leib, weil sie Schiss vor dem hässlichen Biest hat, das sie auf das Schloss entführt hat. Und dieser Hörspielerzähler meint so was wie »tränenumwölbte Stirn«. Ich muss nachher mal Mama fragen, ob das wirklich so heißt. Aber am wichtigsten ist jetzt, dass sich Cotsch bei Arthur und mir geborgen fühlt. Und es ist okay, dass sie ihre »tränenumwölbte Stirn« an seine Brust lehnt. Auch, wenn meine Stirn da eigentlich lehnen sollte. Aber nun ist Cotsch erst mal die Hauptperson, und ich fühle mich gut, dass ich ihr großzügig Arthurs Brust überlassen kann. Schließlich ist sie meine Schwester. Und ich habe sie wirklich lieb, auch wenn sie ab und zu durchdreht.

Meine Turnschuh-Gummisohlen haften an Doktor Seiferts Linoleumboden fest und quietschen. So als hätte ich in klebrige Marmelade getreten. Habe ich aber nicht. Trotzdem quietschen die so laut, dass Cotsch ihren feuchten roten Kopf von Arthurs Oberkörper löst und mich mit verquollenen Augen ansieht. Mann, mir bricht das Herz. Ich kann es ganz schlecht ertragen, wenn es Cotsch nicht gut geht. Das tut mir richtig weh. Ich kriege Gänsehaut und jetzt schießen mir auch noch Tränen in die Augen. Ich zwinge mir mal lieber ein Lächeln ab, damit Arthur nicht

11

doch noch auf die dumme Idee kommt, dass ich so leicht aus den Schuhen zu hauen bin. Der soll denken, dass ich stark bin. Ich heule nicht. Ich heule nie. Heulen ist schwach. Und wenn man schwach ist, ist man leicht zu verletzen. Niemand soll mich verletzen. Ich bin stark, sonst geht hier alles den Bach runter. Und trotzdem würde ich jetzt am liebsten voll losflennen. Mir schwirrt der Kopf. Cotsch sieht so traurig aus. Der passiert aber auch immer ein Mist. Auf der einen Seite ist sie natürlich selber schuld dran. Auf der anderen Seite sucht sie doch nur Liebe, weil sie sich so ungeliebt fühlt. Und das ist absolut Papas Verdienst.

Einmal haben sich Papa und Cotsch so richtig bis aufs Blut gestritten. Die beiden standen im Flur und haben sich angebrüllt. Cotsch hat gebrüllt: »Ich hasse dich!« Und Papa hat ihr eine geklebt. Cotsch ist in ihr Zimmer gerannt, hat sich aufs Bett geschmissen und ist drei Tage nicht mehr rausgekommen. Mama hat ihr was zu essen reingebracht und stundenlang mit ihr geredet. Da durfte ich nicht stören. Immer, wenn ich mal reingeguckt habe, hat Cotsch gesagt: »Lelle, lass uns mal bitte allein!« Und die ganze Zeit hatte sie diese verheulten Augen. Am vierten Tag hat sie Papa einen langen Brief geschrieben. Den hat sie in einen Umschlag gesteckt und auf Papas Kopfkissen gelegt. Darin hatte sie ihre ganzen Gefühle total offen dargelegt.

Das ist jetzt zwei Jahre her. Und Papa hat den Brief immer noch nicht gelesen. Der steckt zwischen zwei Büchern

11

im Bücherregal. Und immer, wenn ich im Wohnzimmer auf dem Sofa sitze, gucke ich direkt auf den geschlossenen Brief, weil er etwas raussteht. Papa ist echt ein Volltrottel.

Na ja, und weil Cotsch bei ihrem Vater, also Papa, die väterliche Liebe nicht findet, die sie so sehr als erstgeborene Tochter braucht, sucht sie sie bei irgendwelchen Typen, die wie Ferkel aussehen. Und weil Cotsch glaubt, dass ihre Liebe nur erwidert wird, wenn sie ihren Körper zur Verfügung stellt, passiert ihr ständig so ein Mist wie heute Nacht. Ich glaube, die Typen fühlen sich von ihr bedroht. Oder aber, die grabbeln an Cotsch rum, dann merken sie, dass sie volle Kanne liebesbedürftig ist, und dann lassen sie Cotsch einfach fallen. Klatsch. So etwas würde Arthur nie mit einem Mädchen machen. Glaube ich jedenfalls. Der kümmert sich ganz rührend um Cotsch. Seine kleine Jeansjacke hängt immer noch über ihren Schultern, und damit sieht Cotsch echt freakig aus. Wie so eine Tante vom Bahnhof, die von ihrem miesen Zuhälter eins reingedrückt gekriegt hat. Langsam frage ich mich, ob es ihre komische Therapeutin wirklich bringt. Ich glaube fast, die stachelt Cotsch erst richtig zum Durchstarten an. Ich muss das mal mit Mama besprechen.

Cotsch richtet sich etwas auf. Ihre Haare stehen wirr vom Kopf ab. Und ihr Kinn zittert.

»Hast du Mama erreicht?«

»Ja, die kommt gleich!«

»Wie denn?«

11

»Mit dem Taxi!«
»Und Papa?«
»Der pennt!«
»Arschloch!«
»Cotsch, hör auf!«
»Ist doch wahr. Papa ist echt ein Arschloch!«
»Cotsch, bitte!«
»Immer soll ich aufhören. Kann Arthur doch ruhig wissen, dass Papa ein Arschloch ist. Papa ist ein Arschloch!«
»Na gut!«
»Arschloch, Arschloch, Arschloch!«
»Cotsch, bitte!«
»Ist doch wahr! Hätte Papa Antoine damals nicht rausgeschmissen, wäre das heute alles gar nicht passiert!«
»Ähm, ja!«
»Arschloch! Arschloch!«
Cotschs Kinn zittert immer noch. Arthur zaubert ein zerknülltes Taschentuch aus der Hosentasche und reicht es ihr.
»Das ist leider ein bisschen zerdrückt!«
»Danke!«
Dann soll Doktor Seifert Cotsch jetzt mal in den Gipsraum geleiten, damit Arthur und ich endlich ein bisschen unter uns sein können. Das könnte spannend werden. Cotsch putzt sich die Nase, und Arthur steht auf. Was ist denn nun los? Will der etwa abhauen, weil Mama ihn ablösen kommt. Nee, bitte nicht.
»Willst du gehen?«

»Nö, ich guck nur mal eben, ob hier in der Nähe ein Kiosk ist!«

»Okay!«

Mein Herz Arthur quietscht mit federndem Schritt übers Linoleum, drückt auf den Schalter an der Wand und verschwindet durch die Tür. Hoffentlich gibt es hier in der Nähe einen Kiosk, der offen hat. Nicht, dass Arthur erst in einer Stunde wiederkommt, wenn die Eingipsaktion schon gelaufen und Mama mit ihrem Taxi angelangt ist. Jetzt hilft nur noch hoffen, beten und warten. Ich setze mich neben Cotsch und streiche ihr ein bisschen die Haare glatt, damit sie nicht ganz so mitgenommen aussieht.

»Mama kommt gleich!«

»Danke, Lelle!«

»Kein Problem!«

»Hast du Kleingeld?«

»Wieso?«

»Dann könnte ich mal eben draußen zur Telefonzelle humpeln und mich bei Marcel entschuldigen!«

»Warum willst du dich denn bei diesem blond gefärbten Ferkel entschuldigen?«

»Welches blond gefärbte Ferkel?«

»Na, Marcel. Das war doch Marcel, der dir mal eben so salopp das Knie gebrochen hat. Oder nicht?«

»Na ja, war ich ja selber dran schuld!«

»Spinnst du? Ich meine, du hättest ihm vielleicht nicht vor allen Leuten die Hose runterziehen müssen. Das

hat niemand gern. Aber der muss dich ja nicht gleich brutal hinschmeißen!«
»Trotzdem will ich mich entschuldigen!«
»Quatsch! Der soll sich bei dir entschuldigen! Außerdem kannst du jetzt nicht mit deinem Krüppelknie draußen rumhüpfen! Da verschieben sich nur die Knochen, wenn das gebrochen ist.«
»Na und?! Gib mir das Kleingeld!«
»Nö! Frag doch Doktor Seifert, ob du sein Telefon benutzen darfst!«
»Das ist doch voll peinlich! Los, gib mir Kleingeld!«
»Nö!«
»Aber wenn ich mich jetzt nicht entschuldige, will er nichts mehr von mir!«
»Na und! Frag dich lieber, ob du noch was von ihm willst!«
»Ich will ja gar nichts von dem!«
»Und warum hast du ihm dann die Hose runtergezogen?«
»Um Antoine eifersüchtig zu machen!«
»Warum das denn?«
»Weil er sich nie wieder gemeldet hat!«
»Und was willst du von dem Ferkel?«
»Nichts! Ich will bloß nicht, dass der hinterher überall rumerzählt, dass er mich bescheuert findet!«
»Na und! Dann kannst du ja auch überall rumerzählen, dass er bescheuert ist!«

11

Cotsch hat überhaupt kein Selbstwertgefühl. Zum Glück geht die Gipsraumtür vor uns auf, und Doktor Seifert kommt mit der Krankenschwester raus. Die beiden sehen ganz schön müde aus. Ich wette, die würden sich lieber mal eine Runde aufs Ohr hauen, als hier Röntgenbilder auszuwerten.
»So, dann komm mal mit!«
Sie heben Cotsch in einen Rollstuhl.
»Aua!«
»Ich warte hier auf dich!«
»Danke, Lelle!«
Cotsch wird durch die Tür geschoben, und ich bleibe allein im Wartezimmer zurück. Jetzt könnte Arthur mal wiederkommen. Bevor Mama auftaucht. Mama fährt normalerweise nie Taxi. Die nimmt immer das Fahrrad oder den Bus. »Mit dem Taxi fahren ist Geldverschwendung!« sagt Mama immer. Ich kann mir Mama gar nicht im Taxi vorstellen. Die sitzt da hinten drin und glotzt auf die Anzeige, wie die Fahrt immer teurer wird.
»Willst du auch einen Schluck?«
Arthur ist zurück. Und ich habe es wieder mal nicht mitgekriegt. Irgendwie schleicht der sich immer ran. Dann steht er plötzlich hinter einem und quatscht los. Ich frage mich, wie man sich so leise anschleichen kann. Vielleicht hat er die elastischen Beine von Schmidtchen Schleicher. Alice hat früher immer so ein komisches Lied gesungen: »Schmidtchen Schleicher mit den elastischen Beinen!«

11

Das hat die den ganzen Nachmittag beim Spielen gesungen. Egal, ob wir unsere Puppen an- und ausgezogen haben oder Buden in meinem Zimmer gebaut haben. Immer hat sie nur diese eine Zeile gesungen: »Schmidtchen Schleicher mit den elastischen Beinen!« Das hat voll genervt. Aber Alice hat mit ihrer schrecklichen Quietschestimme gemeint: »Das ist das Lieblingslied von unserer Putzfrau. Die singt das immer beim Putzen!«
»Nein danke! Oder doch!«
Bin ich blöde! »Nein danke!« Ich hab zwar echt keinen Durst, aber wenn mir schon mal angeboten wird, an der Flasche rumzunuckeln, an der Arthur kurz vorher seine süßen Lippen hatte, sag ich doch nicht »Nein danke!«
»Kriegt deine Schwester jetzt einen Gips?«
»Keine Ahnung. Die haben sie einfach mitgenommen!«
»Aha!«
Ich gebe Arthur die Flasche wieder, und jetzt wüsste ich wirklich gerne, worüber wir uns unterhalten sollen. Ich meine, ich wüsste schon eine ganze Menge Themen, die man anschneiden könnte. Aber die würden gleich so richtig in die Tiefe gehen. Vielleicht frage ich ihn, ob er das Lied von »Schmidtchen Schleicher« kennt. Generell würde mich nämlich schon mal interessieren, worum es in dem Song geht. Oder, was es mit »Schmidtchen Schleicher« und seinen »elastischen Beinen« auf sich hat. Auf alle Fälle hat Cotsch keine elastischen Beine, sonst würde sie sich die ja nicht ständig brechen.

11

»Hast du dir schon mal das Bein gebrochen?«
Arthur ist ein Genie. Er hat das richtige Gesprächsthema gefunden. Zum Glück. Ich dachte schon, wir müssen uns jetzt peinlich anschweigen. Oder über »Schmidtchen Schleicher« sprechen. Anschweigen ist überhaupt das Schrecklichste. Wenn ich mit dem Bus fahre und mich ein bisschen umsehe, fallen mir immer wieder Leute auf, die nebeneinander auf den Bänken sitzen und sich nichts zu sagen haben. Die starren mit ihren leeren Augen auf den Boden oder glotzen mich an, aber zu sagen haben sie sich nichts. Die sehen aus, als hätten die nichts im Kopf. Totale Leere. Das ist so schrecklich. Und ich möchte nicht das Gefühl haben, dass Arthur und ich nichts im Kopf haben. Aber auf Arthurs Frage kann ein Gespräch aufgebaut werden.
»Nö!«
»Ich auch nicht!«
»Aber meine Schwester. Die hatte mindestens schon zehn Mal einen Gips am Bein!«
»Wirklich?«
»Ja, die braucht nur mal mit ihrem Fuß umzuknicken und schon ist er durch!«
»Hast du dir schon mal was anderes gebrochen?«
»Nö, aber dafür ist mir mal was ganz Ekliges passiert!«
»Was denn?«
»Hier, guck mal. Siehst du die Narbe da über meinem Spann?«
»Ja!«

»Das ist ganz weich. Da ist nämlich kein Knochen dahinter.«
»Wie? Das ist doch das Fußgelenk!«
»Ja, aber wenn du mit dem Finger da so reindrückst, ist da nicht so richtig was, weil sich da die Sehnen zweiteilen. Oder so!«
»Aha!«
»Jedenfalls fing das Unglück damit an, dass ich in der sechsten Klasse an so einer Pettichrohr-AG teilnehmen musste!«
»Bei was für einer AG?«
»Pettichrohr-AG!«
»Was ist das denn?«
»Da bastelt man aus Pettichrohr Strickkörbe!«
»Aha!«
»Egal. Jedenfalls war unsere Aufgabe, Strickkörbe zu basteln, und das habe ich gemacht. Der stand dann bei mir im Zimmer rum. Mit Wollknäueln und Stricknadeln. Nummer 4. Weißt du, wie dick die sind?«
»Nö!«
»So ungefähr!«
»Aha!«
»Na ja, und dann bin ich in mein Zimmer gerannt und direkt in die dicke Stricknadel rein.«
»Äh!«
»Ja!«
»Und dann?«

11

»Dann steckte die da so drin. Da, wo sich die Sehnen zweiteilen! Siehst du die Narbe?«
»Ja!«
»Und so bin ich erst mal ein bisschen bei uns im Haus rumgerannt, bis meine Schwester mir die, ohne mit der Wimper zu zucken, rausgezogen hat.«
»Tat das weh?«
»Es ging so!«
»Willst du noch'n Schluck?«
»Gerne!«
Hoffentlich hat Arthur tüchtig in die Cola-Flasche gespuckt. Dann kann ich seine Spucke mit Cola gemischt trinken. Das ist schön. Etwas aus Arthurs Körper gelangt in meinen Körper. Schön! Und ich habe Arthur meine Narbe am Fuß gezeigt. Da sind wir doch schon mal einen Schritt weiter. Und wir trinken aus derselben Flasche Cola. Nicht schlecht.
»Danke!«
Genial! Eben habe ich heimlich in die Cola gespuckt, damit Arthur was aus meinem Körper in seinen kriegt. Mann, ich bin wirklich raffiniert. Durch so was lässt sich echte Verbundenheit herstellen. Genial! Der kann Mama und Cotsch so viel er will durch die Gegend tragen. Und die sollen ihren Kopf an seine Brust drücken. Ha, aber ich habe seinen Speichel getrunken. Und er trinkt gerade meinen. Ich könnte fast behaupten, wir haben rumgeknutscht.
»Ich habe auch eine Narbe!«

11

»Wo?«

»Warte!«

Arthur drückt mir die Cola-Flasche wieder in die Hand und zieht sein geringeltes T-Shirt hoch. Leute, ich kann seinen Bauch sehen. Und seine Brust. Und eine riesige Narbe, die von oben nach unten geht. Einmal ganz durch. Ein riesiger roter Schnitt. Himmel, was ist denn da los gewesen?

»Ich kotze!«

»Eklig, was?«

»Ja!«

Ich kotze echt gleich. Der soll bloß sein T-Shirt wieder runtermachen. Ich kann mir das keine Sekunde länger angucken. Da hat irgend jemand in Arthurs Eingeweiden rumgemacht. Leute, mir wird echt schlecht. Und ein bisschen schwarz vor Augen. In meinen Fingerspitzen kribbelt es. In meinen Füßen auch. Das Gefühl kenne ich. Die haben Arthur aufgeschlitzt. Seinen Brustkorb auseinandergezogen und ihre Gummihandschuh-Hände in sein blutiges Inneres gesteckt. Mit Klemmen haben sie Fleisch zusammengeklammert. Sie haben in Arthur rumgewurschtelt. Sein pulsierendes Herz beiseite geschoben. Seine Leber massiert.

Mir ist gar nicht gut, Arthur.

Ich sitze neben Mama im Bus. Wir holpern über die Landstraße. Mein T-Shirt klebt am Rücken fest. Die Sonne scheint. Die anderen Kinder im Bus schreien und lachen.

11

Ich sitze stumm da und sehe raus. Auf der Weide sind Kühe. Die Kühe fressen das Gras. Mama packt mich hart am Arm und schüttelt mich. »Lelle!« Sie spricht mit ganz komisch harter Stimme zu mir. Ich kann nichts sagen. Mama haut mich. Sie schüttelt mich und haut mir ins Gesicht.
»Lelle!«
»Ja?«
»Lelle, hörst du mich?«
»Ja!«
»Lelle!«
Mama ist da. Plötzlich kniet sie neben mir und schlägt mir mit der flachen Hand ins Gesicht. Nicht doll. Nur ein bisschen. Mama hat was gegen Schläge. Als Cotsch noch ganz klein war, ungefähr vier Jahre alt, ist sie nachts immer zu Mama und Papa ins Schlafzimmer marschiert und wollte mit im großen Bett schlafen. Eines Nachts ist Papa der Geduldsfaden gerissen und er hat Cotsch eine geklebt. »Das ist ihm aus Versehen passiert!« sagt Mama immer, wenn Cotsch wieder mal mit dem Thema »Ihr hasst mich doch alle!« anfängt. Cotsch kann sich noch wunderbar an den Moment erinnern, in dem Papa ausgeholt hat. Eine ganz schöne Leistung, immerhin war sie da noch richtig klein. Fast noch ein Baby. Ich kenne die Geschichte nur aus Erzählungen, aber ich bin mir ziemlich sicher, dass in dieser Nacht der Grundstein für Cotschs Misere gelegt wurde. »Ihr hasst mich doch alle!«

11

»Lelle!«

»Ja!«

»Hörst du mich?«

»Ja!«

Mama klopft weiter in meinem Gesicht rum. Ich glaube, sie hat Angst, dass ich in Doktor Seiferts Wartezimmer an Unterernährung sterben könnte. So, wie sie es heute Nachmittag erst wieder prophezeit hat. »Irgendwann kippst du noch mal um und bist tot!« Mama soll endlich mit dem Geklopfe aufhören, sonst verliere ich aus Protest gleich noch mal die Besinnung. Sie weiß doch, dass ich öfter mal ohnmächtig werde. Und jetzt ist es mir doch tatsächlich vor Arthur passiert. Das lag eindeutig an seiner Schlachter-Narbe. Die hat mir den Rest gegeben.

Manche Leute in meinem Jahrgang spielen dieses merkwürdige Ohnmachts-Spiel, um ohnmächtig zu werden. Die stehen total auf Ohnmächtigwerden. Die sind richtig süchtig danach. In jeder großen Pause, stellen sie sich in der hintersten Ecke vom Schulhof im Kreis auf, machen Kniebeugen, atmen dabei ganz schnell ein und aus, und zu guter Letzt hauen sie sich gegenseitig mit der Faust aufs Brustbein. Davon werden sie ohnmächtig. Und hinterher sagen sie: »Mann, war das geil. Ich war voll ohnmächtig. Das macht voll süchtig!«

Mama will einfach nicht mit dem albernen Getätschel aufhören. Da ist es wohl besser, ich richte mich etwas auf und versuche, mich auf die Ellenbogen zu stützen. Arthur

11

hockt am Ende von meinen Beinen und hält meine Füße hoch. Das macht man so bei ohnmächtigen Leuten, damit das Blut zurück ins Gehirn fließt. An sich ist da ja nichts gegen einzuwenden. Ich habe bloß etwas dagegen, dass Arthur diese Aufgabe übernommen hat. Der soll meine Füße loslassen. Solche Spielereien können wir machen, wenn wir uns wirklich gut kennen. Aber vorerst hat er nichts am Ende meiner Beine verloren. Am besten, ich stehe einfach auf und tue so, als ob nichts Auffälliges passiert ist. Das ist sowieso die klügste Lösung. Sonst fängt Mama wieder mit ihrer liebsten Leier an: »Wenn du so wenig isst, ist es kein Wunder, dass du ständig umkippst. Du hast heute nur die paar Möhren gegessen!« Bei der Vorstellung gruselt es mich richtig. Es geht Arthur absolut nichts an, was ich heute gegessen habe. Der soll denken, ich komme ohne Essen bestens über die Runden.

»Lelle, mein Kind, geht's wieder?«

»Klar!«

»Ich setz sie mal wieder auf den Stuhl!«

Endlich lässt Arthur meine Füße los. Fabelhafte Idee. Ich will hier keine Minute länger auf dem Wartezimmerboden liegen und mir von Arthur von unten in die Nasenlöcher gucken lassen. Mama sieht allerdings nicht so überzeugt aus.

»Ich kann wirklich aufstehen, Mama. Mir geht's gut!«

»Bist du sicher?«

»Ja!«

11

»Nicht, dass du gleich noch mal umkippst!«
»Nee, mir geht's wirklich gut!«
Anscheinend hat Arthur kapiert, dass ich so schnell wie möglich aus dieser Opfer-Position rauskommen will. Sofort schiebt er seine Arme unter meine Schultern und meine Knie und hebt mich hoch. Ich liege in Arthurs Armen. Und Arthur ist verdammt blass im Gesicht. Hoffentlich fühlt er sich nicht schuldig, weil ich die Besinnung verloren habe. Ich finde es schön, dass er mir seine Narbe gezeigt hat. Das zeugt von Vertrauen. Außerdem kann er jetzt wunderbar feststellen, dass ich lange nicht so viel wiege wie der Rest der Familie. Das ist doch schon mal gut. Aber bevor ich mich richtig darüber freuen kann, muss ich erst mal fühlen, ob meine Hose nass ist. Das Schlimmste, was einem passieren kann, wenn man ohnmächtig wird, ist, dass man sich dabei in die Hose macht.

Eines schönen Morgens bin ich aufgewacht, weil ich ganz dringend aufs Klo musste. Alle anderen haben noch geschlafen, weil es sehr früh am Morgen war. Trotzdem habe ich die Klotür abgeschlossen. Das mache ich immer, weil ich überhaupt nicht scharf darauf bin, dass jemand von meiner Familie reinkommt, während ich gerade Pipi mache. Papa ist in der Beziehung ganz anders. Der lässt die Klotür sperrangelweit offen, wenn er in die Kloschüssel strullert. Papa geht sogar aufs Klo, wenn Mama sich morgens vor dem Spiegel die Zähne putzt. Der setzt sich ganz ungeniert auf die Klobrille und macht sein Häufchen.

11

Leute, an so etwas will ich gar nicht denken. »Es ist wichtig, seine Grenzen zu ziehen!« sagt die Therapeutin von Cotsch. Ich habe also die Klotür hinter mir abgeschlossen, mich im Spiegel angeguckt und gedacht: »Mann, du siehst aber blass aus!« Und schon bin ich an diesem wunderschönen Morgen, an dem die Vögel in dem Rosenbusch vor meinem Fenster so fröhlich gezwitschert haben, aus den Latschen gekippt. Schwups lag ich im Nachthemd auf den kalten Fliesen. Als ich wieder etwas zu mir gekommen bin, dachte ich bei mir: »Das ist komisch, was hier gerade passiert. Es gibt keinen Grund, warum ich eben ohnmächtig geworden bin!« Ich hatte Mamas Stimme als warnendes Echo in meinen Ohren: »Irgendwann kippst du noch mal um und bist tot!« Da habe ich es mit der Angst bekommen und nach Mama geschrien. Durch die geschlossene Klotür habe ich gehört, wie sie die große Treppe runtergerannt ist und mit den Fäusten gegen die Klotür gehämmert hat. »Lelle, was machst du da drinnen? Mach auf! Mach sofort auf!« Mit letzter Kraft habe ich meinen Arm hochgestreckt, die Tür wieder aufgeschlossen, und Mama hat mich rausgezogen. »Oh Gott, sie stirbt. Berni, hilf mir! Lelle stirbt!« Da bin ich vor Schreck gleich noch einmal ohnmächtig geworden und habe direkt auf den hellgelben Teppich im Flur gepischert.

Diese Peinlichkeit habe ich mir anscheinend dieses Mal erspart. Meine Hose fühlt sich trocken an. Thank you, Lord. Das wäre echt das Schrecklichste gewesen. Vor Arthur wie

11

ein kleines Baby in die Hose zu machen. Dafür reihe ich mich gerade in die Riege der Kranken ein, die Arthur auf seinen Armen hin und her schleppen muss. Jetzt glaubt er bestimmt, dass ich auch so ein schwächlicher Typ wie Mama und Cotsch bin. Arthur drückt mich an sich. Ich fühle den weichen, verwaschenen Stoff von seinem T-Shirt auf meiner Wange. Dahinter die Knochen. Seine Narbe. Arthur küsst mich auf die Stirn. Das ist mutig. Das hat er sich bei Mama und Cotsch nicht getraut. Hat das jetzt irgendetwas zu bedeuten? Arthur platziert mich wieder auf die rote Sitzschale an der Wand. Mama hockt sich links daneben und Arthur auf die andere Seite. Mama streicht mir mit der Hand über das Knie.

»Geht's wieder?«

»Ja!«

»Das kommt davon, weil du so wenig isst!«

»Gar nicht wahr!«

»Ich wette, nach den Möhren heute Mittag hast du nichts mehr gegessen!«

Au ja, lasst uns wetten. Was gibt es zu gewinnen? Schön auch, dass Mama das Thema vor Arthur ausbreiten muss. Aber das ist noch nicht das Schlimmste. Mama hat ihren Stoffbeutel bei sich, in dem sie sonst heimlich ihre Flasche Rum zu Rita transportiert. In den steckt sie ihren Arm und befördert etwas ans Wartezimmerneonlicht.

»Ich hab dir ein Brot mitgebracht.«

»Danke!«

11

Leute, das ist mehr als ein Test. Das ist Folter. Ich werde die Folter ertragen. Ich werde sie für Arthur ertragen. Irgendwann werde ich dafür belohnt werden, dass ich vor Arthur und Mama das zusammengeklappte Käsebrot mit Kresse gegessen habe. Ich weiß es, irgendwann werde ich für diese Erniedrigung belohnt werden. Ich lasse mich für Arthur erniedrigen. Ich beiße vor den beiden in das Brot. Ich kaue. Käsebrot schmeckt gut. Trotzdem wäre es jetzt an der Zeit, den Kopf ein klein bisschen an die Wand zu klopfen, um ein wenig Druck abzulassen. Aber ich bleibe ruhig. Ich lächle mit dem Käsebrot zwischen den Zähnen. Und Mama lächelt auch. Ich glaube, dieser Abend ist der schönste seit langem für sie. Mama lächelt und zwinkert Arthur zu. Ich wette, würde der doch noch auf die Idee kommen, bei uns einzubrechen, wenn wir im Urlaub in Schweden sind, Mama würde es ihm verzeihen. Sie würde ihm sogar noch einen Zettel auf dem Wohnzimmertisch hinterlassen: »Unser Silber liegt im Safe, hinter dem großen Toskana-Aquarell im Flur!« So froh ist sie, dass ich gerade ein Käsebrot mit Kresse esse. Und Mama weiß genauso gut wie ich, dass ich das niemals tun würde, wäre Arthur nicht mit von der Partie.

Eigentlich mag ich sehr gerne Käsebrot. Am liebsten würde ich zehn Käsebrote am Tag essen, wenn da nicht die Gewissheit wäre, dass es mir danach schlecht geht, und ich das Gefühl habe, dass mein Bauch wie ein riesengroßer Luftballon aussieht. Wirklich. Essen in mir drin zu haben

11

macht mir solche Sorgen, als hätte ich einen Alien gefressen. Als wüsste ich, dass der jetzt Eier in meinem Bauch ablegt. Essen ist eine richtige Gefahr.

12

Im Gipsraum hat die Sprechstundenhilfe von Doktor Seifert Cotsch ein ordentliches Gipsbein angeklatscht. Zum Glück hatte Cotsch einen Rock an, sonst hätte die Schwester ihr ein Hosenbein auftrennen müssen. Das war letztes Mal der Fall, als Cotsch einen Gips bekommen hat. Bis zum Knie hat sie ihr die Hosennaht aufgetrennt, und Mama durfte noch weiter auftrennen, als Cotsch die Hose vor dem Schlafengehen ausziehen wollte. Mann, war das intim. Die Hose war so eng, dass die sich kein Stück über das Gipsbein ziehen ließ. Darum musste Mama zwischen den Beinen von Cotsch rumschnippeln, bis die ganze Naht aufgetrennt war. Und danach musste Mama die Sache oben in ihrem Nähzimmer an der Nähmaschine wieder zunähen, weil die Hose zufällig Cotschs Lieblingshose war. Arme Mama. »Ach was, ich mach das doch gerne!« sagt Mama in solchen Augenblicken immer.

»Ich mach das doch gerne!« sagt Mama auch, wenn sie mir wieder handschriftlich die letzten Kapitel vom Geschichtsbuch zusammenfassen muss, bevor meine Klasse eine Geschichtsarbeit schreibt. Manchmal kriege ich trotzdem ein schlechtes Gewissen, und dann sage ich zu Mama: »Mama, du machst immer so viel für uns!« Und dann hoffe

12

ich, dass Mama endlich mal sagt: »Ja stimmt, ich reiße mir echt den Arsch für euch auf. Und der Dank dafür ist, dass ihr mit dem Brotmesser auf mich losgeht!« Aber das würde Mama nie sagen. Die sagt nur:
»Ach was, ich mach das doch gerne!«
Langsam glaube ich, Mama lügt uns alle an.

Es ist gut, dass ich vorhin das Käsebrot gegessen habe. Als Entschädigung für all das, was Mama tagtäglich mit uns durchmachen muss. Und jetzt hat sie schon wieder eine Tochter mit Gipsbein zu versorgen. Naja. So schrecklich sind Cotsch und ich auch wieder nicht. Oft ist es ja auch richtig nett zu Hause, wenn wir zu dritt in der Küche sitzen und Mama mit ihren Handtüchern um den Kopf und um die Hüfte Abendbrot macht. Da sind wir dann eine richtige Einheit und erzählen uns Geschichten.

Ich habe Mama lieb. Und Mama hat uns lieb. Und Cotsch hat Mama sowieso lieb. Das ist keine Frage. Irgendwie ist doch alles in Ordnung. Nur manchmal drehen wir eben alle ein bisschen durch. Das ist doch vielleicht auch normal. Wer weiß das schon?

Die Schwester hat Cotsch wieder zu uns auf den Gang geschoben, und in der Zwischenzeit hat Cotsch sogar aufgehört zu heulen. Mama ist gleich aufgesprungen und hat sich an ihren Hals gehängt und ihre Haare glatt gestrichen. »Mein armes, kleines Mädchen!« Arthur und ich gucken uns an und müssen grinsen. Eigentlich ist mir noch nicht so richtig wieder zum Grinsen zu Mute, schließlich habe ich diesen Käsebrot-Alien in mir drin, und am liebsten würde ich den auskotzen. Aber ich kann mich ja nicht einfach auf Doktor Seiferts Toilette verabschieden und erst mal nicht wiederkommen. Das mit dem Kotzen habe ich eben noch nicht so ganz raus. Das haben wir ja heute Mittag erst erleben dürfen. Also versuche ich tapfer zu sein und grinse Arthur an. Der grinst zurück, und von mir aus könnten Mama und Cotsch jetzt einfach verpuffen. Puff, auf dem Linoleumboden liegen nur noch zwei Häufchen Staub. Mit diesem Wunder ist allerdings nicht zu rechnen. Stattdessen rutscht Mama zu mir rüber und fängt auch noch an, mich abzuküssen, damit ich bloß nicht auf die Idee komme, dass hier die erstgeborene Tochter bevorzugt wird.

Aber das ist mir im Moment so was von scheißegal. Ich will von Arthur bevorzugt werden. Der soll mich abküssen. Allerdings nicht in der Anwesenheit von Mama und Cotsch. Damit hätte ich echt ein Problem. Da fällt mir ein, die Sache mit Arthurs Narbe wurde noch gar nicht geklärt. Ich weiß immer noch nicht, was da bei ihm vorgefallen ist. Das interessiert mich wirklich brennend. Aber vor Mama und Cotsch kann ich ihn das nicht fragen. Hinterher gibt Mama ihm noch die Schuld, dass ich ohnmächtig geworden bin. Ich meine, Arthur ist schuld. Aber das behalte ich für mich. Vielleicht verrate ich das Mama später, damit sie von dem Trichter runterkommt, dass meine Ohnmacht durch zu wenig Käsebrot ausgelöst wurde. Ja, ich sage

12

Mama nachher, wie es wirklich war. Vielleicht weiß sie ja auch, wie Arthur zu der riesigen Narbe gekommen ist. Mama weiß eine ganze Menge. Die Leute erzählen ihr alles, weil sie immer so einen vertrauensvollen Eindruck macht. Echt. Mama ist so richtig der Briefkasten. Die Leute werfen alles, was sie wissen, in Mama rein. Und ich schätze, Mama hat beim Abendbrotmachen längst nicht alles erzählt, was sie weiß. Manche Sachen behält sie einfach für sich und speichert sie ab. Ich checke das nachher mal aus. Jetzt soll Cotsch Arthur erst mal die Jacke wiedergeben. So langsam werde ich nämlich doch ein bisschen eifersüchtig. Cotsch hat die Jacke von Arthur bestimmt schon mit ihrem Parfüm vollgestunken. *Poison.* Das rieche ich sogar von hier. Cotsch denkt, wenn sie sich ordentlich *Poison* draufsprüht, wird sie selbst zum Poison. Lächerlich.

»Cotsch, ich glaub, du kannst jetzt Arthur mal die Jacke wieder geben!«

»Ach was, ist schon okay!«

Arthur will sein Jäckchen nicht wiederhaben. Was hat das denn jetzt zu bedeuten? Steht der auf den Gestank von *Poison*? So billig hätte ich ihn nicht eingeschätzt. Na ja. Vielleicht will er auch nur höflich sein. Zum Glück hat Cotsch den Wink mit dem Zaunpfahl kapiert. Augenblicklich zieht sie sich mit Mamas Hilfe das Adlerjäckchen von den Schultern und reicht es Arthur.

»Danke, dass ihr euch so lieb um mich gekümmert habt!«

12

»Kein Problem!«
Das war echt kein Problem. Eigentlich bin ich der misshandelten, verstoßenen, verquollenen Cotsch richtig dankbar. Ohne sie hätte ich nie die Gelegenheit gehabt, hinter Arthur auf dem Moped Platz zu nehmen. Außerdem hätte ich nie seine Narbe gesehen. Ich hätte nie einen Kuss von ihm auf die Stirn bekommen. Mann, einen Kuss von Arthur. Ich will mehr davon. Komm, Arthur, küss mich. Küss mich. Küss mich. Lass uns alle anderen niederballern und uns hemmungslos küssen und lieben. Bis ans Ende dieser Welt. Du und ich. Wir zwei. Das wäre was.

Der Sanitäter kommt, und Cotsch schiebt automatisch ihr Röckchen hoch, so dass man fast ihre Unterwäsche sehen kann.

»N Abend. Ich bringe Sie zum Krankenwagen!«
Cotsch lächelt lieb. Und wir ziehen los. Der Sanitäter schiebt Cotsch den Gang entlang, Richtung Tür. Und von oben kann er wunderbar auf ihre nackten Schenkel sehen. Hat sie denn immer noch nicht genug? Die muss immer zeigen, was sie hat. Das ist absolut zwanghaft bei ihr. Braungebrannte Oberschenkel, die saftig auf dem Sitz vom Rollstuhl liegen. Langsam mache ich mir wirklich Sorgen. Irgendwann kommt noch mal so ein Idiot auf die Idee, sie richtig durchzubumsen, ohne dass sie etwas dagegen tun kann. Cotsch bietet sich geradezu an. Mama guckt weg und legt den Arm um mich. So gehen wir hinter dem Sanitäter und Cotsch den Flur entlang. Der Sanitäter drückt auf den

12

Schalter an der Wand, die Tür geht auf. Das Linoleum quietscht unter unseren Füßen, als hätten wir alle in Marmelade getreten. Arthur hat seine Jacke wieder angezogen und seine Hände in die Hosentaschen gesteckt. Wie so eine Hochzeitsgesellschaft ziehen wir durch Doktor Seiferts Arztpraxis. Andächtig. Langsam. Quietschend. Den Flur entlang. Direkt auf den Traualtar zu. Das hat was. Cotsch heiratet den Sanitäter. »Echt, ich bin noch Jungfrau!«

Am hell erleuchteten Ausgang steht schon der Krankenwagen bereit. Dahinter ist schwarze Nacht. Der Sanitäter hebt Cotsch auf seine Arme und setzt sie hinten rein. Mama krabbelt hinterher. Jetzt wird's spannend? Was ist mit mir?

»Komm Lelle, steig ein!«

»Was ist mit Arthur?«

»Ich muss noch mein Moped aus Forst abholen!«

»Ich komme mit!«

Nach so viel Hilfsbereitschaft von Arthurs Seite ist es logisch, dass ich ihn begleite.

»Nein, Lelle. Du steigst ein!«

Anscheinend findet Mama das überhaupt nicht logisch.

»Es ist schon viel zu spät. Du musst ins Bett!«

Herrlich, wenn Mütter anfangen, einen wie ein Kleinkind zu behandeln. Aber Mama hat wieder diese seltene Strenge in der Stimme, da ist es aussichtslos zu widersprechen.

»Und was ist mit Arthur?«

12

Der ständert neben mir rum, kickt ein Steinchen unter den Krankenwagen. Dann wirft er seinen Kopf in den Nacken, schüttelt sich die Haare aus dem Gesicht und sieht uns mit diesen großen, glänzenden Augen an. Die gelben Parkplatzlaternen überziehen ihn mit einem goldenen Schimmer. Arthur ist mein Held.

»Das geht schon klar. Ich trampe einfach nach Forst!«
Zum ersten Mal höre ich etwas wirklich Dummes aus Arthurs Mund. Auf der Straße fährt kein einziges Auto mehr. Wie will er da trampen?

»Das gibt's gar nicht. Ich geb dir Geld. Du nimmst ein Taxi!«

Hoppala. Mama! Die zieht wie selbstverständlich ihr Haushaltsportmonee aus der Stofftasche und fuchtelt mit einem Zwanzigmarkschein vor seiner Nase herum. Hauptsache, Arthur erlebt jetzt kein Déjà-vu. Schließlich muss ihm die Situation bekannt vorkommen, wenn wir davon ausgehen, dass er am Bahnhof seinen zarten Körper an alte Männer verkauft.

»Reicht das?«
»Bitte, ich kann wirklich trampen!«
»Das verbiete ich. Du fährst mit dem Taxi oder du kommst mit uns!«
»Ich trampe gerne!«
»Ich hab's aber nicht gerne, wenn du trampst. Was da alles passieren kann!«
»Mir ist noch nie was beim Trampen passiert!«

12

»Schön! Jetzt nimm das Geld und steig in ein Taxi!«
»Na gut. Danke!«
Arthur zieht seine Hand aus der engen Hosentasche und nimmt das Geld aus Mamas ausgestreckter Hand. Cool, wie Mama das geregelt hat. Die hat Arthur eben richtig das Gefühl gegeben, dass sie sich um ihn kümmert. Das hat wirklich was zu bedeuten, wenn Mama einem einfach so zwanzig Mark in die Hand drückt. Das passiert nicht so oft, weil Mama eben so wenig Haushaltsgeld von Papa kriegt, dass sie jeden Pfennig umdrehen muss. Leider weiß Arthur nichts von diesen wirtschaftlichen Problemen. Und erwähnen kann ich das jetzt auch schlecht. Früher, als ich noch mit Mama bei Edeka einkaufen gegangen bin und mir nichts sehnlicher gewünscht habe, als so einen Vanillepudding im Plastikbecher zu kriegen, hat Mama immer gesagt: »Das können wir uns nicht leisten!« Obwohl der Pudding nur 99 Pfennig gekostet hat. Aber solche Extrawürstchen gab es nicht. Wobei ich wette, wenn ich jetzt danach fragen würde, würde Mama mir gleich eine ganze Palette vor lauter Dankbarkeit kaufen. Aber das Geld kann sie sich sparen. Und nun hat es Arthur in seiner Hosentasche. Zwanzig Becher Vanillepudding.

»Kommst du, Lelle?«
»Tschüß, Arthur. Danke für alles!«
Und das ist jetzt der kniffligste Moment in meinem ganzen Leben. Gebe ich Arthur einen Kuss zum Abschied oder nicht? Arthur hat wieder seine Hände in den Hosentaschen

und ist ungefähr so beweglich wie ein gefesselter Cowboy, der am Marterpfahl darauf wartet, dass ihm der Skalp abgezogen wird.

»Nichts zu danken, Lelle!«

Meine Mundwinkel zucken. Er hat »Lelle« gesagt! Ich kann nur lächeln. Das mit dem Kuss lasse ich. Das wäre jetzt doch ein bisschen zu dick aufgetragen. Außerdem wartet der Sanitäter neben uns, damit er endlich die Tür hinter mir zuknallen kann.

»Bis dann!«

Ich steige ein. Drehe mich um. Arthur wirft seinen Kopf in den Nacken, seine Haare fliegen nach hinten. Und jetzt zieht er doch noch mal eine Hand aus der Hosentasche und winkt. Mit dem Zwanzigmarkschein. Das hat Stil. Arthurs Augen sind so groß. Mein Herz ist so groß. Und in der Mitte von meinem Herzen sitzt Arthur. In einem Raum voller Licht und goldener Strahlen. Die Tür wird zugeschlagen. Mama, Cotsch und ich sind im Krankenwagen gefangen. Draußen steht Arthur. Ganz allein, in der Einsamkeit der Nacht.

»Komm, Lelle. Setz dich neben uns!«

Mama rutscht etwas zur Seite, damit ich mich zwischen Cotsch und sie quetschen kann. Wir sitzen dicht an dicht. Der Wagen fährt los. Wir schwanken hin und her. Mama und Cotsch legen wie abgesprochen ihre Hände rechts und links auf meine Oberschenkel. Ich lege meine Hände darauf. Nur für einen kurzen Moment. Das macht die bei-

12

den glücklich. Hoffe ich. Jetzt fehlt nur noch, dass Mama sagt: »Kommt, Kinder, wir machen es uns zu dritt gemütlich. Das geht auch ohne Papa.«
»Papa ist ein Arschloch!«
Anscheinend hatte Cotsch denselben Gedankengang wie ich. Schuld daran ist Mamas Automatismus. Immer, wenn Cotsch, Mama und ich zusammenhocken, sagt Mama: »Kommt, Kinder, wir machen es uns zu dritt gemütlich. Das geht auch ohne Papa.«
»Cotsch, bitte!«
Mama nimmt ihre Hand von meinem Oberschenkel und tätschelt damit ganz schnell auf Cotschs nacktem Schenkel herum.
»Was denn? Weiß doch jeder, dass Papa ein Arschloch ist.«
»Papa ist kein Arschloch. Warum sagst du das?«
»Das sagst du doch selbst immer!«
»Ich sage nie, dass Papa ein Arschloch ist!«
»Indirekt schon!«
Mama hört auf, auf Cotschs Oberschenkel rumzutätscheln, zieht ihren Arm zurück. Faltet ihre Hände im Schoß. Mama hat sehr schöne Hände. Ich habe Papas Hände geerbt. Kurze Finger mit kurzen, abgenagten Fingernägeln. Papa hat allerdings keine abgenagten Fingernägel. Mama hat viele Adern auf ihren Händen. Ich kann ihren schmalen Ehering sehen. Papas Ring liegt im Badezimmer im Zahnputzbecher und ist mit Zahnpasta verschmiert.

13

Als der Sanitäter Cotsch aus dem Wagen hebt, rutscht ihr Rock nach oben. Aber dieses Mal hält Cotsch den Saum fest und zieht ihn eilig wieder nach unten. Der Sanitäter konzentriert sich auf Cotschs Gipsbein, und dass er damit nirgendwo anschlägt. Mama steht unter der Eingangslampe und schließt die Haustür auf. Der Sanitäter folgt ihr mit Cotsch auf dem Arm. Und ich komme zu Fuß hinterher. In letzter Zeit werden hier die Damen reihenweise von Männern über die Schwelle ins Haus getragen. Aber immer ohne Nachspiel. Sobald sie die Damen abgesetzt haben, verschwinden die Männer wieder. Die Damen bleiben zurück. Mit aufgeschürften Köpfen, gebrochenen Beinen. Und gebrochenen Herzen. Na ja. Schmalz. Der Sanitäter verabschiedet sich. Mama drückt die Tür hinter ihm zu. Und im Flur riecht es nach Butterbonbons. Immer, wenn wir aus den Ferien zurückgekommen sind, konnte ich diesen Geruch besonders gut riechen, weil sich meine Nase entwöhnt hatte. Wie der Butterbonbongeruch zustande kommt, weiß ich nicht. Bei uns lutscht niemand Butterbonbons. Als Opa noch gelebt hat, hat er immer Butterbonbons gegessen. Eins nach dem anderen hat er mit seinen Zähnen zerbissen. Das hat so geklungen, als würde er Steine kauen. Daher kenne ich überhaupt den Geruch. In Opas Zimmer hat es genauso gerochen wie bei uns, wenn man nach langer Zeit zurückkommt. Vielleicht liegen bei uns irgendwo Butterbonbons versteckt und die strömen diesen süßen, warmen Geruch aus. Vielleicht hat Mama die mal als Kind von Opa geschenkt bekommen und dann vergessen aufzuessen. Ich frage mich, ob Mama den Butterbonbongeruch auch riecht, wenn sie nach Hause kommt. Und wenn sie ihn riecht, erinnert sie sich vielleicht an Opa und wird traurig. So traurig, wie damals, als Opa gestorben ist. Ich glaube, da war ich sieben Jahre alt.

»Zieht die Schuhe aus, Kinder!«

Immer, wenn wir nach Hause kommen, hat Mama so eine ganz spezielle Nach-Hause-Komm-Automatik drauf. Die riecht bestimmt nicht den Butterbonbongeruch. Egal, was gerade passiert ist, Mama spult ihre Nach-Hause-Komm-Sätze ab.

»Und seid leise, damit Papa nicht aufwacht!«

»Arschloch!«

»Bitte, Cotsch!«

Ich schleudere meine Schuhe in die Ecke vom Windfang und gehe rüber in Cotschs Zimmer, wo sie stumm auf dem Bett sitzt. Ich setze mich neben sie. Mama kommt gleich hinterher und lehnt sich an den gelb lackierten Türrahmen.

»Setzt euch doch bitte nicht immer mit euren Dreck-

13

hosen aufs Bett! Und Lelle, stell deine Schuhe vernünftig hin. Wenn Papa das sieht, gibt's wieder Ärger!«
»Mach ich gleich!«
»Arschloch!«
»Jetzt hör doch mal auf, Cotsch!«
»Warum denn?«
»Weil ich den Mist jetzt nicht mehr hören will!«
»Das ist kein Mist! Das ist die beschissene Wahrheit! Tu doch nicht immer so, als wäre alles in Ordnung!«
»Mache ich doch gar nicht!«
»Machst du wohl, sonst würdest du zugeben, dass Papa ein Arschloch ist!«
Mama guckt zu Boden und fängt wieder an, an ihrer aufgebissenen Lippe rumzumachen. Ein Hautfetzen fällt auf den Boden. Bevor hier die heiße Diskussion losgeht, helfe ich Cotsch eben noch, den Schuh vom heilen Fuß zu ziehen. Danach drücke ich ihr einen Kuss auf die Stirn. Den Kuss, den mir Arthur vorhin gegeben hat. Das hat gut getan. Mit Cotschs Schuh in der Hand quetsche ich mich an Mama vorbei, die immer noch angespannt im Türrahmen darauf wartet, dass ich endlich meine Schuhe im Windfang ordentlich hinstelle. Ich wette, sie setzt sich erst zu Cotsch auf die Bettkante, wenn sie mich durch die offene Windfangtür beobachtet hat, wie ich artig meine dämlichen Schuhe in Reih und Glied hingestellt habe.
»Ich geh ins Bett!«
»Stell deine Schuhe vorher noch richtig hin!«

13

»Ja, mache ich!«
»Und mach die Windfangtür hinter dir zu!«
»Hmhm!«
»Gute Nacht, mein Lieblingskind!«
»Gute Nacht!«

Ich stelle Cotschs Schuh neben meine Schuhe. Ganz ordentlich, damit es morgen früh keinen Ärger gibt. Morgen früh gibt es sowieso Ärger. Das weiß ich schon. Aber die Schuhe müssen ja nicht unbedingt der Auslöser sein. Ich schätze, beim Frühstück wird das Gipsbein von Cotsch für Zündstoff sorgen. Und, dass Cotsch sich ungefragt abgeseilt hat. Ha, ich könnte echt loslachen. Papa hat ja wohl den geringsten Stress mit der ganzen Sache gehabt. Das Problem ist bloß, dass er das ganz anders sieht. Der tut sich morgen früh bestimmt richtig Leid, weil seine Familie wieder so ein Affentheater veranstaltet hat. Wer weiß das schon so genau? Ich achte für mich darauf, dass ich alles nach Vorschrift mache. Dann bin ich schon mal nicht schuld, wenn es zu schlechter Stimmung kommen sollte. Also schließe ich vorschriftsmäßig die Windfangtür hinter mir, gehe den Flur entlang ins Bad.

Im Bad stelle ich mich vor den Spiegel und prüfe, ob mit meinem Gesicht alles in Ordnung ist. Vielleicht hatte ich die ganze Zeit ein Butter-Kresse-Gemisch auf der Backe kleben. So wie Nicole in der Grundschule. Die hatte immer einen ganz verschmierten Nutellamund. Cotsch und ich durften nie Nutellabrot essen.

13

»Das ist so süßer Kram. Das ist ungesund!«
hat Mama immer gesagt, wenn Cotsch und ich es mit Betteln versucht haben.
»Bitte, Nicole darf auch Nutellabrot essen!«
»Ihre Eltern haben sich ja auch scheiden lassen!«
Einmal hat Cotsch gemeint:
»Ihr könnt euch ja auch scheiden lassen, damit wir Nutellabrot essen dürfen!«
In meinem Gesicht klebt nichts. Arthur musste sich also nicht jedesmal voll zusammenreißen, wenn er mich angeguckt hat. Und auch sonst ist alles in Ordnung. Meine Haare sehen richtig super aus, obwohl ich die schon seit drei Tagen nicht mehr gewaschen habe. Die sehen so super aus, dass ich es gar nicht glauben kann. Am liebsten würde ich ein Foto davon machen, für den Fall, dass sie nie wieder so gut aussehen. Als Beweis für meine Nachfahren, dass meine Haare mal echt gut ausgesehen haben. Ich habe nur leider keinen Fotoapparat zur Hand. Dafür nehme ich den Handspiegel vom Haken und betrachte mich von hinten. Vielleicht sehen meine Haare von hinten scheiße aus. Kann doch sein. Ich prüfe das jetzt mal. Schließlich ist Arthur hinter Mama und mir den Flur in Doktor Seiferts Arztpraxis lang gegangen. Nee, die sehen auch von hinten toll aus. Saublöde, dass ich jetzt keinen Fotoapparat habe. Dann könnte ich das Foto an Arthur weitergeben, damit er diesen Abend in Doktor Seiferts Arztpraxis nie vergisst. Ein Foto von meiner Frisur. Das ist doch ein schickes

13

Geschenk. Der Blick auf meinen Hinterkopf. Scharf. Jetzt noch schnell ausziehen und nackt das Gewicht prüfen. Mit dem rechten Fuß angle ich die Waage unter dem Waschbecken hervor und stelle mich vorsichtig darauf. Ganz langsam. Vierundvierzig Kilo. Das geht. Die Möhren und das Käsebrot haben bis jetzt keinen Schaden angerichtet. Na ja. Warten wir mal bis morgen, ob da kleine Aliens schlüpfen, deren Geburtsgewicht mindestens fünfundneunzig Kilo beträgt.

»Lelle, ist alles in Ordnung?«

»Ja!«

Was will Mama denn schon wieder? Ist die Papa-ist-ein-Arschloch-Diskussion mit Cotsch schon vorbei? Das ging aber ungewöhnlich schnell. Es kann aber auch sein, dass Mama Cotsch nur mit halbem Ohr zugehört hat, weil sie gemerkt hat, dass ich auffällig lang im Bad brauche. Und irgendwann ist sie einfach vom Bett aufgestanden und hat gemeint: »Ich komm gleich wieder. Ich muss nur schnell mal gucken, was Lelle macht!« In solchen Momenten rastet Cotsch normalerweise aus: »Immer geht's nur um Lelle!« Aber ich habe nichts schreien gehört. Sehr merkwürdig. Auf jeden Fall lässt Mama mich nicht mehr in Ruhe die Zähne putzen. Die Sache mit heute Mittag hat sie echt zum Wachhund werden lassen. Ich schätze, die sperrt ab jetzt immer die Ohren auf, sobald ich länger als zwei Minuten im Bad verschwinde.

»Ich wollte dir nur gute Nacht sagen!«

13

»Du hast mir doch eben schon gute Nacht gesagt!«
»Ja, aber ich wollte dir noch einen Kuss geben!«
»Ich komme gleich raus!«
»Ich warte in deinem Zimmer auf dich!«
»Okay!«
Was für ein Stress. Jetzt hockt Mama auf meiner Bettkante und wartet, dass ich mich vor ihren Augen aus meinen Klamotten pelle und hinlege. Was für eine Erniedrigung. Da mache ich nicht mit. Ich habe mich vorhin schon vor Arthur mit dem Käsebrot erniedrigen lassen. Außerdem stellt dann Mama bloß wieder fest: »Lelle, du bist viel zu dünn!« Das Thema möchte ich heute echt nicht mehr anschneiden. Es ist ja eben nicht nur so, dass Mama sich Sorgen macht. Ich mache mir ja schließlich auch so meine Gedanken. Erst mal ziehe ich mich bis auf die Socken wieder an. Auch auf die Gefahr hin, dass Mama gleich wieder was zu melden hat: »Zieh dir Strümpfe an. Deine Nieren werden doch ganz kalt!« Ich bin mutig und nehme die Socken in die Hand. Dann schließe ich die Tür auf und gehe den Flur entlang in mein Zimmer. Die Tür zu Cotsch ist zu. Dahinter liegt meine Schwester alleine mit ihrem Gipsbein im Bett und denkt an Antoine. Hoffentlich hakt sie den Doofmann ab. Der hat doch gar keine Ahnung, wer Cotsch eigentlich ist. Der hat keinen Schimmer, was Cotsch für eine super Schwester ist. Der rafft doch überhaupt nicht, was Cotsch wirklich braucht. Der soll seine Dreckfinger von meiner Schwester lassen. Der hat Cotsch auf alle Fälle

13

nicht verdient. Der hat eine Backpfeife verdient. Und irgendwann wird ihm das Leben eine ordentliche verpassen. Cotsch ist meine Retterin. Ohne sie hätte mich damals die fremde Frau einfach mopsen können. In dem Fall würde ich längst tot in einer Mülltonne liegen und vergammeln. Mann. Ist doch wahr!

Meine Tür ist angelehnt. Ich stoße sie auf. Mama sitzt tatsächlich auf der Bettkante und guckt mir entgegen. Sie setzt sich immer nur ganz außen aufs Bett, damit sie mit ihrer Straßenhose das Laken nicht dreckig macht. Die gelbweiß gestreifte Bettüberdecke ist zurückgeschlagen. Mama lächelt. Die kleine gelbe Klemmlampe am Kopfende brennt. Mama sieht müde aus. Ich setze mich neben sie auf die Bettkante, damit Mama nicht sagt: »Lelle, zieh deine Dreckhose aus, bevor du dich aufs Bett setzt!«

»Danke, dass du Cotsch gesucht hast!«

»Kein Problem!«

»Ich möchte mir nicht immer solche Sorgen um euch machen!«

»Musst du doch auch nicht!«

»Doch!«

»Warum denn?«

»Cotsch verschwindet immer. Und du isst so wenig!«

»Ich hab doch vorhin das Käsebrot gegessen!«

»Kannst du nicht auch mal einen Teller Nudeln essen!«

»Mama, bitte!«

»Ich will doch nur, dass es dir gut geht!«

13

»Mir geht es gut!«
»Aber du bist so dünn!«
»Ich bin nicht dünn!«
»Doch, du bist furchtbar dünn!«
Und jetzt fängt Mama an zu weinen. Mama weint, und das ist das Schrecklichste, was passieren kann. Ihr ganzer Körper zittert und bebt und ich bin schuld, weil ich keinen Teller Nudeln esse. Ich streiche über Mamas Rücken. Über die Fleischhügel, in die sich ihr BH-Gurt drückt. Ich will, dass Mama nicht so traurig ist. Sie wischt sich mit dem Handrücken die Tränen weg. Schon schießen die nächsten hinterher. In mir schnürt sich alles zusammen. Wie so oft. Mein Brustkorb tut weh. In mir ist klebrig zäher Kaugummi. Früher, als ich klein war, war nur weiche, saubere Watte in mir. Und jetzt ist da dieser zähe rosa Kaugummi. Ich weiß nicht, woher er kommt. Und wie er in mich reingekommen ist. Der Kaugummi soll wieder verschwinden. Aber es wird immer mehr. Besonders, wenn Mama weint.

»Warum ist es nicht mehr so wie früher? Da musste ich mir nie Sorgen um euch machen. Wo sind meine kleinen Mädchen, die mich anlächeln und glücklich sind. Du hast Käsebrot gegessen. Nach dem Abendbrot hast du auf meinem Schoß gesessen. Dich an mich gedrückt. Deine Arme um meinen Hals geschlungen. Wo bist du, meine fröhliche Tochter?«

»Ich bin hier, Mama!«

Mama trägt ja ganz schön auf. Muss das sein? Bei so viel

Schmalz muss jeder heulen. »Wo bist du, meine fröhliche Tochter?« Das klingt so, als hätte ich gerade den Löffel abgegeben.
»Warum, Lelle, warum?«
»Ich weiß es nicht!«
»Ihr wart so fröhlich. Ich sehe dich und Cotsch so oft vor mir, wie ihr in euren Kleidchen durch den Garten lauft. Ihr wart doch so glücklich!«
»Bitte, Mama! Hör auf zu weinen!«
»Ich kann nicht mehr. Ich kann nicht mehr, und ich will auch nicht mehr! Rita hat ja überhaupt keine Ahnung. Die sagt die ganze Zeit: ›Du hast es gut, du musst dir keine Sorgen um deine Töchter machen. Die sind so hübsch.‹«
»Bitte, Mama!«
»Die Frau macht mich wahnsinnig. Immer ist sie die Arme. Immer ist sie die, die vom Leben bestraft wird. Ich kann mir dieses dumme Geschwafel nicht mehr mit anhören. Die dumme Kuh hat einfach keine Ahnung!«
»Dann triff dich doch nicht immer mit Rita!«
»Die hat überhaupt keine Ahnung. ›Deine Kinder sind so hübsch. Meine Kinder sind so hässlich. Ich hasse mein Leben. Dein Leben ist viel schöner!‹ So einen Mist muss ich mir die ganze Zeit von ihr anhören. Zum Kotzen ist das!«
»Dann triff dich doch nicht immer mit Rita!«
»Aber sie ist doch meine beste Freundin!«

Ich verstehe Mama nicht. Und ich verstehe auch nicht, was Rita jetzt mit der Cotsch-hat-ein-Gipsbein-Lelle-isst-zu-wenig-Problematik zu tun hat. Mama wirft da gerade einiges durcheinander. Ich will nicht wissen, wie es in ihrem Kopf aussieht. Auf jeden Fall ganz schön unsortiert.
»Tut mir Leid. Ich mach mir nur solche Sorgen. Warum muss sich Cotsch immer an diese miesen Kerle ranschmeißen. Sie ist so ein kluges Mädchen. Sieht sie nicht, was das alles für Dummköpfe sind?«
»Ich glaube, Cotsch will nur ein bisschen Aufmerksamkeit!«
»Aber ich gebe niemandem mehr Aufmerksamkeit als ihr!«
»Ich meine, die Aufmerksamkeit von Papa!«
»Papa kann das nicht!«
»Warum nicht?«
»Das weiß ich nicht!«
»Komm, Mama, leg dich jetzt schlafen. Morgen ist alles wieder gut!«
»Du bist mein Lieblingskind!«
»Du bist meine Lieblingsmama!«
Mama wischt sich die letzten Tränen weg und steht auf.
»Iss mal einen Teller Nudeln für mich!«
»Ich hab heut schon ein Käsebrot für dich gegessen!«
»Das hat mich auch sehr gefreut!«
»Dann träum davon, wie ich noch ein Käsebrot esse!«
»Das mache ich!«

13

»Gute Nacht!«
»Gute Nacht!«
»Hab dich lieb!«
»Ich hab dich auch sehr lieb!«
Mama lächelt tapfer. Und jetzt sieht sie aus wie ein kleines Mädchen mit roten Wangen. Sie lächelt, und ich lächle auch. Der Klebe-Kaugummi kommt gleich zu meinen Ohren raus. Mama soll gehen, damit ich weinen kann. Ich muss weinen. Aber Mama soll das nicht sehen. Die soll denken, dass ich stark bin. Sie soll denken, dass alles gut ist. Sie soll jetzt gehen, damit ich weinen kann. Sie drückt die Klinke runter. Ich winke ihr zu. Lächle.
»Gute Nacht, Mama!«
»Gute Nacht, meine kleine Lelle!«
Mama schließt die Tür leise hinter sich, und dann höre ich, wie sie im Windfang die Haustür abschließt. Das macht sie immer, bevor sie ins Bett geht. Seit ich denken kann. Die Windfangtür geht zu, Mama geht den Flur entlang, an meinem Zimmer vorbei, dann die große Treppe in den ersten Stock hoch. Sieben Treppenstufen, der Absatz, dann noch mal sieben Treppenstufen. Oben im Flur hängt sie ihre Bluse und die Hose über die Sprossenwand. Die hat Papa zu Cotschs achtem Geburtstag an die Wand zwischen dem Schlafzimmer und Mamas Nähzimmer geschraubt. »Jetzt kannst du turnen, soviel du willst!« hat Papa damals gesagt und Cotsch ganz oben an die Sprossenwand gehängt. Ich glaube, das war das beste Geschenk, was man Cotsch hatte

machen können. Wenn wir nicht draußen im Garten oder auf dem Hof gespielt haben, hat sich Cotsch an die Sprossenwand gehängt. Jetzt hängen Mamas Klamotten drüber. Papa schläft auf der einen Seite der Sprossenwand und Mama auf der anderen Seite.

»Papa hat einfach kein Interesse mehr an mir!«

14

In der Schule bin ich immer fröhlich. Am Fahrradständer verabschiede ich mich von Alina. »Bis morgen!« Ich fahre die schattige Allee entlang. Den kleinen Berg runter. Am Fluss vorbei. Über die Brücke, durch den Wald. Die Sonne scheint, und ich fühle mich so schrecklich allein. Ich trete in die Pedale und will nach Hause. In der Küche setze ich mich mit meiner Dreckhose auf die gelbe Arbeitsplatte, und Mama sagt: »Zieh die Dreckhose aus, wenn du dich da auf die Arbeitsplatte setzt!« Ich rutsche wieder runter, die Sonne scheint durch das angekippte Küchenfenster, ein dicker schwarzer Brummer fliegt von innen gegen die Scheibe. Die kleinen, vertrockneten Blättchen der Akazie segeln fröhlich auf den Rasen. Die weiße Wäsche flattert an der Wäscheleine im Wind. Die Uhr im Herd tickt. Im Haus ist es still und kalt.

Müde schleiche ich den Flur entlang in mein Zimmer. In meinem Zimmer ist das Fenster ebenfalls angekippt. Bevor Mama und Papa morgens zusammen mit dem Auto ins Geschäft fahren, geht Papa immer in mein Zimmer, schüttelt meine Bettdecke durch und kippt das Fenster an. Wenn ich dann am Mittag in mein Zimmer komme, ist die Luft frisch und kühl. Meine Hände sind kalt. Die Äste des Rosenbusches vor meinem Fenster kratzen über das Glas.

14

Ich stelle mich an die Fensterbank, drücke meine Stirn gegen das kalte Glas und frage mich: »Warum fühle ich mich bloß so allein?« Ich möchte weinen. Ich will mich mit meiner Dreckhose auf meine frisch gewaschene Überdecke legen und weinen. Ich will mein Leben lang weinen. Ich will den ganzen klebrig zähen Kaugummi rausweinen. Ich will so lange weinen, bis Arthur sich plötzlich auf den äußersten Rand von meinem Bett setzt und mir tröstend über den Rücken streichelt. Sein Gesicht an meinen Hals drückt. Mich an sich zieht. Mich weinen lässt. Er küsst meine Wange. Er lässt mich weinen. Das tut gut.

Ich drücke meine Stirn gegen die Fensterscheibe. Mir ist kalt. Ich werde nicht weinen. »Ich fühle mich einsam!« Ich werde mich nicht auf mein Bett legen. Ich werde nicht weinen. Ich schalte den CD-Spieler ein. *Misplaced Childhood.* Mama kommt rein.

»Lelle, zieh die Dreckhose aus!«

Ich drehe mich um und lächle automatisch.

»Mach ich gleich!«

Sie wartet, bis ich mich aus der Hose geschält habe. Zitternd stehe ich vor ihr.

»Deine Füße sind blau!«

Sie starrt auf meine Füße, auf meine Beine.

»Du musst mehr essen, Lelle!«

Ich nicke.

»Und zieh dir Socken an, du erkältest dich noch. Oder du kriegst eine Blasenentzündung!«

14

Wieder nicke ich. In der Schule lache ich. Ich mache Witze, die alle witzig finden. Nur mein Kunstlehrer Herr Schröder weiß, dass ich mich einsam fühle.

Ich glaube, Papa ist kein Arschloch. Auch, wenn Cotsch das immer sagt.

Ich weiß nicht, was mit Papa ist.

Ich weiß nicht, warum der immer ins Geschäft fährt. Und ich weiß nicht, warum er nicht mit Mama kuscheln will. Ich weiß nicht, warum er Cotschs Brief nicht liest. Und ich weiß nicht, warum es nicht so sein kann wie früher.

Einmal hat Papa geweint. Und ich war dabei. Mama und Cotsch standen mit gepackten Koffern unten im Windfang. Wir wollten übers Wochenende zu Oma fahren. Ohne Papa. Der lag oben im Schlafzimmer auf dem Bett und wollte nicht runterkommen, um uns zu verabschieden. Mama und Cotsch wollten nicht raufgehen, um ihm »Tschüs« zu sagen. Also bin ich alleine hochgegangen. Ich habe die Tür vorsichtig aufgemacht, und da lag Papa bewegungslos unter der Decke. Ich habe mich zu ihm auf die Bettkante gesetzt und gesagt:

»Ich wollte nur schnell Tschüs sagen!«

Da hat sich Papa endlich zu mir umgedreht. Seine Augen waren rot und feucht. Und plötzlich hat es ihn richtig geschüttelt. Ich habe gelächelt und leise gefragt:

»Was ist denn? Bist du traurig?«

Da hat es Papa noch mehr geschüttelt. Ich habe wieder leise gefragt:

14

»Bist du traurig, Papa?«
Papa hat genickt und geweint. Ich wusste gar nicht, was ich machen soll. Mama und Cotsch haben von unten gerufen:
»Lelle, komm endlich! Wir verpassen sonst noch den Zug!«
Ich habe gesagt:
»Papa, ich muss los!«
Da hat Papa wieder genickt und mit ganz komischer Stimme gesagt:
»Ich will mitkommen. Ich will mit euch mitkommen. Ich will nicht alleine hier bleiben!«
Ich habe ihm über die Schulter gestrichen.
»Lelle, komm endlich!«
hat Mama wieder von unten gerufen. Und dann bin ich gegangen. Papa ist liegen geblieben. Da war ich elf Jahre alt.

Papa wollte damals so gerne bei uns sein, als wir ohne ihn mit dem Zug zu Oma gefahren sind. Er ist einfach dageblieben. Jetzt fährt er immer weg. Und wir bleiben da. Wir sitzen auf der einen Seite. Papa auf der anderen Seite.
»Kommt, Kinder, wir machen es uns zu dritt gemütlich. Das geht auch ohne Papa!«
Wir tun so, als ob es gemütlich ist. Und wenn es gemütlich ist, sagt Cotsch:
»Ich hasse Papa!«
Und manchmal sagt Mama auch:
»Ich hasse Papa!«

Und Papa sagt:

»Ich hasse es, wenn du zu Rita gehst!«

Und Cotsch sagt:

»Mama und Rita haben was zusammen!«

Und ich sage nichts. Ich rieche nur den Ringelblumencreme-Gestank in Mamas Nähzimmer, wenn Rita wieder weg ist.

15

Cotsch hat ein Gipsbein. Jetzt kann sie sich nur noch die Hornhaut von der linken Fußsohle reißen, bis es blutet. Blut! In meinem Schrank liegt mein Tonpenis. Mit dem habe ich mich kürzlich selbst entjungfert. Blut! Heimlich nachts im Bett. Schon allein der Gedanke daran ist mir peinlich. Was für komische Sachen man macht. Mitten in der Nacht. Das abscheuliche Ding will ich nicht länger in meinem Schrank unter den Unterhosen liegen haben. Ich will den überhaupt nirgendwo mehr liegen haben. Selbst entjungfert. Wie klingt denn das? Selbst entjungfert. »Ich hab mich selbst entjungfert!« Das kann man ja keinem erzählen. Würde ich Arthur richtig gut kennen, so gut, wie man nur einen richtig guten Freund kennen kann, würde ich es ihm nicht erzählen. Und da liegt das Problem. Was für eine Ausrede gibt es, wenn man eines Tages gefragt wird, wieso man schon entjungfert ist, obwohl man noch Jungfrau ist? Was soll man da sagen? Vielleicht kommt Arthur in den Genuss, diese Feststellung zu machen! Ich will ihn ja nicht gleich zu Beginn unserer Bekanntschaft anlügen. Also muss ich ihm die Wahrheit sagen, und wenn ich ihm die Wahrheit sage, bekommt er einen merkwürdigen Eindruck von mir. Oder noch schlimmer, er fängt an, sich vor mir zu ekeln. Oder er denkt, ich ticke nicht ganz richtig.

Wir kuscheln uns nach dem ersten Mal so ein bisschen verliebt aneinander, und Arthur fragt im Kerzenschimmer: »Sag mal, wieso hat dir die Entjungferung gar nicht weh getan?« Oder: »Wieso ist das Laken nicht voller Blut?« Ich gestehe: »Ähm, na ja! Ich hab mich mit meinem selbstgetöpferten Tonpenis selbst entjungfert.« Arthur: »Aha!« Und den Rest kann er sich denken. Und wenn er ein Fünkchen Phantasie hat, kriegt er die Bilder gratis mit dazu geliefert. Ich liege ohne Unterhose in meinem blöden Kinderzimmerbett unter der hellblauen Blümchendecke und wurschtele hemmungslos mit meinem selbstgetöpferten Tonpenis zwischen meinen Beinen rum. Schön. Genauso gut könnte er mir beichten, dass er eine Orange oder einen Kürbis oder eine Wassermelone gebumst hat. So was kommt vor! In der *Mädchen* habe ich mal auf der Seite »Frag Gabi« einen Leserbrief von einem Mädchen gelesen, die ihren Freund bei so einem Unterfangen erwischt hat! Peinlich! Würde ich das von Arthur erfahren, wäre der Ofen sofort aus. Ich habe scheinbar ein echtes Problem, was nur zu lösen ist, in dem ich nie Sex haben werde. Großartig. Davon habe ich immer geträumt. Als entjungferte Jungfrau ins Gras zu beißen. Das hat Weltklasse-Charakter.

Auf jeden Fall muss dieses mistige Ding schleunigst entsorgt werden. Alle Indizien müssen beseitigt werden. Und falls Mama das Ding beim Durchwühlen von meinem

15

Kleiderschrank noch nicht erspäht hat, wird sie es bald erspähen. Und dieser Gedanke gefällt mir noch viel weniger. Mama ist so ein Mensch, der einen auch noch direkt darauf ansprechen würde: »Sag mal, Lelle, ich habe da so ein komisches Ding in deinem Kleiderschrank gefunden. Das sieht aus wie ein Würstchen aus Ton. Woher hast du das?« Am besten, ich schmeiße das Viech ganz schnell weg. Ein getöpferter Tonpenis. Mann, ist das abartig. Mich schüttelt es schon bei dem Gedanken, mir das kalte Ding unter das T-Shirt zu klemmen. Aber es muss sein. Das Verbrecherwürstchen muss weg. Raus aus dem Kinderzimmer, rein in die Mülltonne. Und danach will ich nie wieder darüber nachdenken, dass ich mich selbst entjungfert habe. Ich meine, es ist gut, dass ich das gemacht habe. Dann habe ich diesen Schmerz hinter mir. Aber es ist besser, alles, was Schmerzen bereitet, zu entsorgen. Dann kann es keine Schmerzen mehr bereiten. Also weg damit. Mann, bin ich philosophisch.

Vom Bett aufstehen. Ich bin gar nicht müde. Zum Kleiderschrank gehen. Großer Gott. Das kostet Überwindung. Ich mache ein paar Schritte auf den Kleiderschrank zu. Der Teppich ist weich unter meinen nackten Sohlen. Ich öffne die rechte Tür, taste unter meinen Unterhosen nach dem Ding und jetzt liegt es in meiner Hand. Leute, guckt es euch bloß nicht an. Ich habe es noch nicht mal in Mamas kleinem Töpferofen bei tausend Grad gebrannt. Es ist nur getrocknet. Wegen so einem kleinen Pimmel kann

15

man ja nicht den Ofen anschmeißen und tüchtig viel Strom verbrauchen. Papa hat sowieso was gegen Stromverbrauch. »Macht die Türen zum Flur zu. Wie oft soll ich das noch sagen? Wir heizen nicht für den Flur!« Darum ist es im Winter bei uns im Flur auch immer schweinekalt. Eigentlich ist es im Winter bei uns überall schweinekalt, weil Papa eben was gegen Stromverbrauch hat. Wenn ich dann sage: »Hier ist es so kalt. Ich friere!«, sagt Mama immer: »Ja, weil du zu wenig isst. Würdest du mehr essen, wäre dir auch nicht so kalt!« Gute Idee! Soll ich mir so einen Speckmantel wie Mama und Papa anfressen, nur damit ich in unseren ungeheizten Räumen nicht mehr friere? Außerdem verabscheue ich meine Unterhosen. Das fällt mir wieder auf, als ich das Ding da drunter wegziehe.

Das Tatwerkzeug liegt in meiner Hand. Schnell stecke ich es in meinen Hosenbund. Es ist so eklig. Eklig, eklig, eklig. Vielleicht sollte ich schnell noch mal probieren, ob es jetzt mit dem Übergeben klappt. Ha, das wäre ein guter Trick. An den widerlichen Tonpenis auf nackter Haut im Hosenbund denken, über die Kloschüssel beugen und loskotzen. Das könnte funktionieren. Aber ich versuche, abzulenken. So geht das aber nicht, junges Fräulein. Immer schön eins nach dem anderen. Leise die Zimmertür öffnen. Dann die Windfangtür. Die Haustür aufschließen, vorsichtshalber Mamas Schlüssel mitnehmen. Die Haustür anlehnen. Und jetzt stehe ich im Schein von Frau Heidenreichs Vorgartenlaterne. Die lila Stiefmütterchen sind platt getreten. Das war ich. Die Pflastersteine sind kühl. Aber nicht kalt. Kleine Steinchen stechen in meine Fußsohlen. Das ist angenehm. Drüben, bei Arthur ist alles dunkel. Anscheinend ist der immer noch unterwegs. Holt sein Moped aus Forst. So wie ich auf Arthur fixiert bin, artet das bestimmt bald so aus, wie die Psychomacke von Alina. Schließlich habe ich vorhin in Doktor Seiferts Wartezimmer die ganze Zeit in Arthurs Cola-Flasche gespuckt, damit er meine Spucke trinkt. Das ist schon ein bisschen suspekt. Das würde ich keinem freiwillig erzählen. Na ja, vielleicht Arthur in zehn Jahren. Jedenfalls hoffe ich, dass ich nicht auch noch auf die Idee komme, mir die gleiche Frisur wie Arthur schneiden zu lassen.

Mit dem Tonpenis im Hosenbund gehe ich den Weg zu den Mülltonnen runter. Besser, ich werfe das Ding nicht in unsere Mülltonne, sondern in den orangenen Abfalleimer an der Straße. Wenn Papa den Müll rausträgt, wühlt der immer noch mal in unserer Mülltonne rum, weil er sich ärgert, dass Mama am Tag vorher die volle Tüte im Ganzen reingeworfen hat, ohne sie vorher auszukippen, damit sich der Müll besser in unserer Tonne verteilt. »Wie oft soll ich noch sagen, dass ihr die Tüten mit dem Müll ganz auskippen sollt, damit mehr Müll in die Tonne passt!« schimpft Papa immer, wenn er mit dreckigen Händen vom Müllwegbringen zurückkommt. Der streicht tatsächlich immer noch mal den feuchten Inhalt der Tonne mit den Händen glatt, damit sie ganz ausgefüllt ist. Und dann fällt ihm dabei mein getöpfertes Werk in die Hände. Gute Nacht! Papa ist so ein Typ, der das Tonwürstchen glatt wieder aus der Tonne fischen und zurück ins Haus tragen würde.

»Mensch, wer schmeißt denn so etwas weg? Das kann man doch bestimmt irgendwann noch mal gebrauchen!«

Papa hat sogar früher die Kondome, die er mit Mama vor ihrer Hochzeit benutzt hat, ausgewaschen und auf der Wäscheleine aufgehängt. Das hat Mama mir und Cotsch mal erzählt, als sie so richtig sauer auf Papa war und heulend auf der Treppe im Flur saß. Sie hat sich wie üblich ans gelb lackierte Treppengeländer geklammert und gebeichtet:

»Papa hat die Kondome immer ausgewaschen und auf die Wäscheleine im Garten gehängt. So geizig ist der!«

Und Cotsch hat gemeint:

»Mensch, Mama. Dann trenn dich doch endlich von dem Arschloch!«

Ich schmeiße meinen Tonpenis wirklich besser in den öffentlichen Abfalleimer. Um sicher zu gehen, dass der nicht morgen auf dem Frühstückstisch steht.

»Guckt mal, was ich im Müll gefunden habe! Eine Tonskulptur!«

Hoffentlich wühlt heute Nacht niemand anderes mehr drin rum. Manche Leute wühlen in orangenen Abfalleimern, weil sie Hunger haben. Pfui, ich wünsche niemandem, dass er das Ding zwischen die Finger bekommt. Schließlich hatte ich das schon, na ja, reden wir nicht drüber.

Ich lasse den Tonpenis in den orangenen Abfalleimer unter der Laterne fallen. Es gibt einen dumpfen Laut, als das Ding auf den Blechboden fällt. Anscheinend liegt jetzt nichts anderes in dem Plastikbehälter als mein Tonpenis. Wunderbar. Ich liebe das Bild von einem hellgrauen Tonwürstchen, was auf dem leicht feuchten Blechboden eines orangenen Abfalleimers liegt.

Gut, dass mir der Tonpenis eingefallen ist. Gut, dass ich nicht geweint habe, als Mama geweint hat. Fast wäre es passiert. Solange man etwas zu tun hat, weint man nicht.

Am Ende der dunklen Straße taucht ein einsames Licht auf und kommt näher. Es kommt näher und ich weiß genau, dass es Arthur auf seinem Moped ist. Ich muss grinsen. Ich muss so doll grinsen, dass Arthur das bestimmt schon von dahinten erkennen kann. Arthur kommt auf seinem Moped näher, und ich stehe hier am Straßenrand, als hätte ich auf ihn gewartet.

16

Arthur parkt sein Moped neben mir am Straßenrand. Ich habe einen Kloß im Hals. Meine Hände zittern. Hoffentlich merkt Arthur nichts davon. Ich stecke die mal lieber in die Hosentaschen. Ich fühle meine Beckenknochen unter den Taschen hervorstehen. Daran halte ich mich fest. Sehr praktisch, diese eingebauten Griffe. Die haben eben nur Leute, die was von Hunger und Entbehrung wissen. Dicke Leute haben nichts, woran sie sich festhalten können, wenn sie wirklich aufgeregt sind.

Ich würde jetzt gerne ein Kaugummi haben und eine Zigarette rauchen. Aber leider liegen meine Zigaretten auf dem Schreibtisch in meinem Zimmer. Und die kann ich ja jetzt schlecht holen gehen. Meine Zähne habe ich vorhin auch nicht so richtig sorgfältig geputzt. Hoffentlich kommt mir Arthur nicht zu nahe. Doch, er soll mir nahe kommen. Für die Aktion brauche ich bloß ein Kaugummi.

»Hast du ein Kaugummi?«

»Was?«

Arthur nimmt den Helm ab und schüttelt seine Haare aus dem Gesicht nach hinten. Leute, ich liebe diese Geste.

»Hast du ein Kaugummi?«

»Kann sein. Warte mal!«

16

Arthur fummelt mit seiner Hand in der kleinen Brusttasche von seiner Jeansjacke. Dabei fallen seine Haare wieder vors Gesicht, und von oben strahlt die gelbe Laterne auf seinen Hinterkopf und überzieht ihn wie immer mit einem goldenen Schimmer. Ich glaube, seine Hand zittert auch ein bisschen. Jedenfalls dauert es ewig, bis er einen Kaugummistreifen zu fassen kriegt.

»Hier! Kann ich die Hälfte haben? Das ist nämlich mein letztes!«

»Klar!«

Jetzt muss ich meine Hände doch wieder von meinen körpereigenen Griffen lösen und sie für alle sichtbar ans Laternenlicht befördern. Vorsichtig, nicht zu hastig nach dem Kaugummistreifen in Arthurs Hand greifen. Den Kaugummistreifen nehmen und in der Mitte durchreißen. Erledigt.

»Hier!«

»Danke!«

Arthur und ich pellen mit feuchten Fingern die Folie von dem weichen Streifen und stecken jeder eine Hälfte in den Mund. Der erste Schritt ist schon mal vollbracht. Jetzt folgt der zweite Schritt. Aber was ist der zweite Schritt? Die ganze Nacht hier draußen in der Stille rumstehen? Besser nicht.

Immer, wenn es ruhig ist, habe ich Angst, dass mein Magen zu knurren anfängt. Besonders schlimm ist das bei Klassenarbeiten. Im Klassenzimmer ist es ganz still. Alle sitzen über ihre Arbeitsblätter gebeugt und lösen konzentriert die Aufgaben. Nur ich nicht. Ich hocke zusammengekrümmt da, mit meiner dicken Jacke an und konzentriere mich auf nichts anderes als auf meine Panik, dass gleich mein Magen knurren könnte. Natürlich knurrt er. Und zwar ganz laut. Alle gucken mich an und kichern. Ich möchte nicht, dass mir das jetzt passiert. Ich habe nicht mal meine dicke Jacke an, um die Lautstärke des Knurrers etwas zu dämpfen. Ich bin vollkommen ausgeliefert. Unter keinen Umständen dürfen Arthur und ich hier draußen stehen bleiben. Am besten, wir gehen zu Arthur und machen ganz laut Musik an.

»Was machst du hier draußen? Bist du nicht müde?«
Arthur wirft seine Haare wieder nach hinten, sieht mich an und wippt mit den Fersen auf der Bürgersteigkante.

»Nö! Bist du müde?«
»Geht so! Eigentlich nicht!«
»Ich auch nicht!«
»Wolltest du gerade spazieren gehen?«
»Nö! Na ja, vielleicht ein bisschen!«
»Ich gehe gerne nachts spazieren!«
»Ich auch!«
»Wollen wir noch ein bisschen spazieren gehen?«
Ja, na klar! Aber dann müssten wir so laut reden, dass jeder in der Nachbarschaft aufwacht, und das ist überhaupt nicht romantisch. Ich habe keine Ahnung, was ich jetzt sagen soll. Wenn ich sage: »Nee, lass uns zu dir gehen!«, findet das Arthur bestimmt etwas zu forsch. Oder er denkt,

16

dass ich total abgeklärt auf der sexuellen Schiene fahre. Er könnte denken, dass ich genauso eine bin wie Cotsch. Verzeihung. Aber noch schlimmer wäre allerdings, wenn er voll drauf einsteigen würde. »Ja, geil!« könnte er sagen, mich in sein Haus ziehen, mir die Kleider vom Leib rupfen und mit mir das veranstalten, was sonst die alten Herren zur Hauptgeschäftszeit mit ihm veranstalten. Und schon hätten wir den Salat: »Warum ist das Laken nicht voller Blut?« Leute, ich bin echt ratlos. »Du bist ja gar keine Jungfrau mehr!« Hilf mir doch jemand!

»Lelle? Lelle, bist du hier draußen?«

Das klingt nach Mama.

»Deine Mutter ruft dich!«

Ja, das habe ich gehört. Damit war zu rechnen. Auch wenn es vier Uhr morgens ist. Mama kommt schließlich immer um die Ecke, wenn es spannend wird. Vielleicht hat sie meine stillen Hilferufe gehört. Es gibt Mütter, die spüren, wenn ihre Kinder Hilfe brauchen. Und Mama ist so ein Exemplar. Nur leider habe ich eher auf eine intelligente Eingebung gehofft als auf Mama. Nun denn! Dann wollen wir uns mal dem Geschehen vor unserer Haustür zuwenden. Mama steht auf dem Weg, im Schein von Frau Heidenreichs Vorgartenlaterne. Im gelben Nachthemd und mit Hausschuhen. Wie ein Engel im hellgüldenen Flatterkleid sieht sie aus. Was soll das denn jetzt?

»Lelle, bist du das da vorne?«

»Ja!«

16

»Ist Papa bei dir?«
»Was?«
»Ist Papa bei dir?«
»Nö, das ist Arthur!«
»Papa ist weg!«
»Was?«
»Papa ist weg!«
Hinter Mama kommt Cotsch in T-Shirt und Gips die Stufen runtergehüpft.
»Mama, komm wieder rein!«
»Nein, ich muss Berni finden!«
»Ist doch scheißgal, wo das Arschloch ist!«
Schön, dass meine Familie jetzt auch noch in den frühen Morgenstunden Straßentheater veranstalten muss. Auch schön, dass wir Arthur als exklusiven Zuschauer dabei haben. Mama und Papa sollen sich noch einmal über Arthurs Lebenswandel das Maul zerreißen. Was die hier abziehen, ist mehr als peinlich. Das ist einfach nicht mehr zu fassen. Die lassen einem ja wirklich keine Chance, sein eigenes Leben in geregelte Bahnen zu lenken. Gerade, als es zwischen mir und Arthur interessant wird, muss sich meine Familie wieder in den Vordergrund spielen. Großartig. Ich kann mich wirklich nicht beklagen. Und ich brauche mich auch nicht mehr zu fragen, was Arthur eventuell für einen Eindruck von uns hat. Das ist doch sonnenklar. Der denkt, wir sind alle verrückt. Und langsam glaube ich, er hat vollkommen Recht. Meine Familie ist verrückt und ich werde

16

gleich verrückt. Ich brauche Ruhe. Ich brauche ganz dringend Ruhe. Das ist schon wieder ein Test. Die testen mich alle. Die testen, wieviel ich ertragen kann. Die testen aus, ob ich gleich den Verstand verliere. Mein Kopf zuckt. Er zuckt in Richtung Garagenmauer. Mein Kopf will gegen die Garagenmauer von Frau Heidenreich schlagen. Aber ich bleibe stehen. Den Kopf gegen die Wand schlagen hat sowieso noch nie was gebracht. Das Thema kann getrost abgehakt werden. Ich kann viel ertragen. Ich ertrage viel. Für Arthur. Ich bleibe ruhig. Dieses eine Mal noch. Ich bleibe ruhig. Für Arthur.

»Lelle, steht Papas Auto an der Straße?«

Mama kommt in ihrem Engelskostüm den Weg runtergelaufen. Ihre Hausschuhe machen schlapp, schlapp, schlapp. Von ihrem Rumgerufe sind bestimmt schon alle Nachbarn aufgewacht und drücken sich an den Fenstern die Nase platt, um zu sehen, was wir hier wieder für eine Gratis-Show bieten. Besser, ich prüfe schnell, ob Papas Auto noch da steht. Und danach scheuche ich die ganze Meute ins Haus zurück. Wenn ich Montag auf dem Weg in die Schule bin, möchte ich den Hausfrauen, die in den Vorgärten an ihren Rosen rumschnippeln, noch in die Augen sehen können.

»Ja, das steht hier!«

»Wo ist er denn?«

Mama kommt näher. Jetzt sollte ich ihr wirklich besser entgegengehen. Was mache ich denn nun mit Arthur? Soll ich

16

den einfach am Straßenrand stehen lassen? Kommt nicht in die Tüte. Sobald ich die Sache mit Papa geklärt habe, will ich mit Arthur da weitermachen, wo wir aufgehört haben.

»Geh wieder rein, Mama. Ich komme schon!«

Cotsch zieht Mama am Hemd zurück ins Haus. Von weitem sehen die beiden wie zwei Kriegsverwundete aus. Cotsch im T-Shirt und Gipsbein. Mama dick und klein im langen Nachthemd. Das hat Weltklasse-Charakter. Wirklich Weltklasse-Charakter. Mama und Cotsch humpeln ins Haus zurück. Die Geschichte wäre also schon mal organisiert. Dann wollen wir uns mal wieder dem stummen Zuschauer Arthur widmen. Der kaut auf seinem Kaugummi herum und kickt ein paar kleine Steinchen unter die Autos. Das scheint ein Hobby von ihm zu sein.

»Kommst du mit, Arthur?«

»Nee! Ich glaub, ich gehe besser nach Hause!«

»Also, wenn du denkst, dass du störst, dann ist das nicht so. Ich fänd es schön, wenn du noch mitkommst!«

»Ich weiß nicht!«

»Willst du mich etwa mit diesen minderbemittelten Idioten allein lassen?«

»Nö!«

»Na, dann komm!«

Arthur macht wieder die Geste mit seinen Haaren und grinst. Ich grinse auch und fast hätte ich nach seiner Hand gegriffen. So glücklich bin ich, dass er mitkommt.

17

Mama zappelt nervös neben Cotsch auf dem Sofa rum, rupft wieder mit den Zähnen Hautfetzen von ihrer wunden Lippe ab und trinkt schon ihr fünftes Glas Sherry. Langsam rutschen ihre Pupillen gefährlich auseinander, und die nackten Beine von Cotsch tun es ihnen nach. Das können Arthur und ich sehr gut von unserem Platz aus beobachten. Wir sitzen auf dem Sofa gegenüber, und inzwischen scheint es hier keinen mehr zu stören, dass Arthur ohne Unterdecke auf unserem gelobten Ledermöbel hockt und Cotsch nur eine Unterhose, ein kleines T-Shirt und ein Gipsbein anhat. Jetzt tropft Mama sogar Sherry aus dem Mund und auf das Sitzpolster. Aber kümmern tut sie sich einen Scheißdreck drum. Das ist neu. Sie spuckt den letzten Hautfetzen auf die gelb karierte Tischdecke vom Sofatischchen und endlich hat sie genug Alkohol in sich reingeschüttet, um einigermaßen ruhig erklären zu können, was los ist.

»Eigentlich wollte ich ja drüben im Nähzimmer schlafen, um mir nicht Papas Geschnarche anhören zu müssen. Aber dann dachte ich, dass ich ihm wenigstens sagen muss, dass Cotsch wieder da ist. Also bin ich noch mal aufgestanden und zu ihm ins Schlafzimmer gegangen. Aber Berni lag nicht im Bett. Jetzt weiß ich nicht, wo er ist. Ohne Auto wird er ja nicht ins Geschäft gefahren sein!«

»Der ist bestimmt zu so einer dreckigen Bahnhofsnutte gegangen, um sich einen blasen zu lassen!«

»Was soll er denn da?«

»Na was schon? Rumbumsen, bis das Bett zusammenbricht!«

»Papa doch nicht!«

»Mann, Mama! Du hast echt keinen Schimmer, wie Männer ticken!«

»Meinst du wirklich, Papa ist zum Bahnhof gefahren?«
Großartig, Cotsch ist wieder ganz obenauf. Mit ihrer Ich-hasse-Papa-er-hat-mein-Leben-zerstört-Stimme muss sie ausgerechnet vor Arthur das Thema Prostitution anschneiden. Wirklich eine großartige Idee. Schließlich weiß hier keiner im Raum, außer Arthur versteht sich, womit er sich seinen Lebensunterhalt verdient. Und solange das nicht geklärt ist, möchte ich darum bitten, dass das Thema Prostitution so weit wie möglich umschifft wird! Haben wir uns verstanden?!

»Logisch, das Arschloch ist zu einer Nutte abgehauen. Wo soll er sonst sein?«

Auf der anderen Seite ist es ganz praktisch, dass Cotsch so unverblümt über die Sache spricht. So kann ich wenigstens aus dem Augenwinkel beobachten, ob Arthur bei den Worten »Bahnhof« oder »Nutte« oder »blasen« zusammenzuckt.

»Der hat sich so eine eklige Tripper-Nutte geangelt, bumst ihr wie bekloppt in den Arsch, und wenn er wieder zu Hause ist, kriegst du die Viren voll mit eingeimpft!«
»Cotsch, bitte!«
»Davon kannst du ausgehen!«
»Bitte, Cotsch, red nicht so über deinen Vater!«
»Arschloch!«
Arthur ist nicht zusammengezuckt. War ja klar. Arthur ist kein Stricher! So ein Blödsinn! Ganz brav hat er neben mir gesessen und auf seinem Kaugummi rumgekaut. Dafür treibt sich mein Vater bei einer Prostituierten rum. Das kann doch wirklich gut sein. In der *Mädchen* war mal ein Bericht über ein junges Mädchen, das sich ihr Geld als Prostituierte verdient. Und die hat erzählt, dass ganz viele verzweifelte Ehemänner zu ihr kommen, die mit ihren Gefühlen nicht zu Rande kommen. Und weil diese Männer sehr schlecht über ihre Gefühle und über die Liebe mit der eigenen Ehefrau reden können, gehen sie zu einer Prostituierten und erzählen der ihren ganzen Seelenmüll. Da haben sie keine Hemmungen loszuflennen, weil sie keinen Respekt vor diesen armen Geschöpfen haben, die ihren Körper für Geld verkaufen müssen. Leute, mein Vater hockt vielleicht gerade auf der Bettkante von so einer Prostituierten und jammert sie mit Familieninterna voll. Der Tante rauchen bestimmt schon die Ohren. Aber das darf sie sich nicht anmerken lassen. Schließlich verlangt sie

dafür von Papa eine ordentliche Stange Geld. Und zum Schluss fragt Papa sie um Rat.

»Was soll ich nur tun? In meiner Familie sind alle verrückt!«

Die Lady streicht Papa übers Knie. Leute, bei dem Gedanken zieht sich mein Unterleib zusammen. Das ist so intim. Die Frau darf Papa nicht über das Knie streichen. Papas Knie gehört uns. Die soll ihre Hand von seinem Knie nehmen. Sie streicht mit ihrer Hand seinen Oberschenkel hoch und flüstert lieb:

»Pump dir Rauschgift in die Venen und zieh die Hose aus!«

Wunderbar. Für diesen fachmännischen Rat blättert Papa gleich ein paar Scheine hin, die Mama in der Haushaltskasse fehlen.

»Meint ihr wirklich, Papa ist bei einer Prostituierten?« Mama versucht aufzustehen, taumelt, stützt sich an der Sofalehne ab und plumpst zurück neben Cotsch.

»Wo soll er sonst sein? Wenn er keine Lust hat, mit dir rumzubumsen, muss er sich schließlich woanders seine Befriedigung holen!«

Ich glaube, jetzt bin ich gefragt, bevor Cotsch ihr Horrorszenario weiter ausmalen kann. Das Ganze hat doch nichts mehr mit Realität zu tun. Cotsch will einfach nur ihren ganzen Hass über Papa kundtun. Die ist wütend und enttäuscht, weil Papa heute Nacht nicht nach ihr gesucht hat und weil er damals ihre große Liebe Antoine aus dem

Haus geworfen hat. Cotsch hat eben dieses Bild von Papa im Kopf, dass er mutwillig alles zerstören will. Aber das glaube ich nicht. Papa ist einfach nur hilflos. Vielleicht hat Mama Recht, wenn sie sagt: »Euer Vater ist emotional verkümmert!« Nein, nicht verkümmert. Papa ist emotional hilflos. Ich glaube, das trifft es. Oder er hat sich sein Leben nicht so kompliziert vorgestellt, als er als Baby auf dem Schoß von seiner Mutter gesessen hat. »Dein Vater war ein so hübsches Kind!« hat uns Oma früher immer erzählt. Genau wie ich. Darum werde ich jetzt alles dafür tun, um ihn vor dem Volk in Schutz zu nehmen.

»Papa ist bestimmt nicht zum Bahnhof gefahren. Sonst hätte er ja das Auto genommen!«

Mama schielt mich an. Ihr ganzer Körper zittert. Ihre Hände zittern, und vielleicht kriegt sie wirklich gleich den angekündigten Herzinfarkt. Anscheinend ist das Cotsch im Moment egal. Hauptsache, sie kann sich Luft machen.

»Dann ist er eben rüber zu der Fettarsch-Dorle marschiert, um zu fragen, ob sie Lust hat, mit ihm eine Runde rumzubumsen!«

»Mit Dorle?«

»Klar! Der hat er doch im Urlaub schon immer auf den fetten Arsch gehauen!«

»Das war doch nur Spaß!«

»Ach Quatsch! Am liebsten hätte Papa ihr gleich in den Dünen die Riesen-Unterhose vom Arsch gezogen!«

»Aber Gérard-Michel ist doch auch noch da. Und

Conny. Die würden das doch mitkriegen, wenn Papa bei denen drüben ist!«

»Dann bumsen die beiden Arschlöcher eben im Auto rum! Geht doch auch!«

Was solche Aktionen anbelangt, kennt Cotsch sich ja prächtig aus. Wahrscheinlich ist ihr gerade eingefallen, wie Mama sie damals aus Rainers Karre gezogen hat. Darum hat sie jetzt auch noch einen Hass auf Mama und kann einfach nicht aufhören, Mama mit ihren schrecklichen Fantasien zu quälen. Sieht sie nicht, wie schlecht es ihr geht? Mama hat gerade wirklich Angst, dass ihre Ehe endgültig im Eimer ist, und Cotsch haut mit der Axt voll in diese Kerbe. Nur um sich Luft zu machen. Das ist ganz schön egoistisch. Leute, meine Mutter hat schon einen richtig irren Blick drauf. Ihre Lippen sind blau und ganz schmal.

»In welchem Auto sollen sie denn kuscheln? Ich denke, Antoine ist mit Dorles Auto weggefahren!«

Vielleicht sollte ich Cotsch bitten, das Zimmer zu verlassen. Ich glaube bloß, das wäre keine so gute Idee, weil Cotsch sich nicht gerne bevormunden lässt. Unter Umständen könnte sie meine Anweisung: »Cotsch, verlass bitte das Wohnzimmer!« vollends zum Durchstarten bringen. Das ist hier gerade eine verdammt knifflige Situation. Und langsam zweifle ich daran, ob es eine gute Idee war, Arthur mit ins Haus zu holen. Der sitzt stumm neben mir und hat seine schönen Hände im Schoß gefaltet. Bestimmt würde er am liebsten aufstehen und gehen. Oder ein paar Steinchen unter Autos kicken. Kann ich gut verstehen. Der traut sich bloß nicht, abzuhauen, weil er nicht unhöflich sein will. Irgendwie muss ich den hier rauskriegen. Und Cotsch auch. Die ist so richtig in Fahrt, und inzwischen ist ihr T-Shirt so weit hochgerutscht, dass wir alle ihren gebräunten Bauch sehen können.

»Na und? Dann bumsen sie eben in Papas Auto rum. Habt ihr vorhin genau in sein Auto geguckt? Hat es gewackelt?«

»Lelle, hast du vorhin genau in Papas Auto geguckt?«

»Nicht so richtig!«

»Dann gucke ich da jetzt noch mal rein. Ich muss wissen, wo Berni ist, sonst drehe ich durch!«

Das ist eine sehr gute Idee. Gehen wir doch alle mal vor die Tür und schnappen ein bisschen frische Luft. Mama hat mal wieder die unglaubliche Chance, ein Familienmitglied beim Rumkuscheln im Auto zu erwischen. Und Arthur kann nach Hause flitzen. Dann muss ich das hier eben alleine durchmachen, obwohl ich gestehen muss, dass mir die Anwesenheit von Arthur eine gewisse Stärke verleiht. Wäre er nicht da, hätte ich schon längst meinen Kopf gegen die nächste Wand gedonnert. Aber Arthur gibt mir Kraft. Ich habe noch nicht mal an meinen Fingernägeln gekaut. Danke, Arthur!

»Arthur, du bist mein Held!« würde ich jetzt gerne sagen. Ich würde mich gerne an ihn schmiegen und meine Augen schließen. Mama und Cotsch, ihr dürft verpuffen.

17

Auf den Sofakissen bleiben zwei kleine Staubhäufchen zurück. Die kann man runterpusten oder mit dem Staubsauger wegsaugen. Das gäbe nicht mal Flecken. Aber solange nicht geklärt ist, wo Papa abgeblieben ist, verpufft hier niemand. Wenn wir gleich alle zusammen einen Blick durchs Seitenfenster werfen, liegt Dorle hoffentlich nicht auf dem zurückgekurbeltem Beifahrersitz, auf dem Mama sonst immer sitzt, wenn sie zusammen mit Papa ins Geschäft fährt. Das wäre richtiggehend geschmacklos. Möglicherweise wäre es besser, wenn nur ich zum Straßenrand laufe und vorsichtig einen Blick ins Innere werfe. Es wäre schön, wenn Papa dann nicht über Dorle liegt. In so einem Fall wüsste ich überhaupt nicht, was ich tun sollte. Ich kann doch unmöglich an die Scheibe klopfen, so wie Mama das damals bei Cotsch und Rainer gemacht hat.

»Papa, wenn du fertig bist, kommst du doch wieder nach Hause, oder?«

Früher dachte ich immer, Erwachsene haben alles im Griff. Die haben den globalen Überblick, weil sie schon so viel erlebt haben. Aber das scheint absolute Utopie zu sein. Meine Eltern haben überhaupt nichts im Griff. Die benehmen sich genau wie Cotsch und ich. Der eine haut ab, ohne zu sagen wohin, und die andere frisst ihre Oberlippe vor lauter Anspannung auf. Grandios! Da sollen Mama und Papa uns noch einmal Vorwürfe machen! Mama sagt sowieso ganz oft: »Der Grund, warum Cotsch und Papa sich nicht verstehen, ist, dass sie sich so verdammt ähnlich sind. Die haben beide diesen Dickkopf!« Und ich glaube, Mama hat Recht. Papa macht auch immer das, was er will. Genau wie Cotsch. Und sagen lässt er sich auch nichts. Genau wie Cotsch.

Einmal wäre Papa fast wegen seiner behämmerten Dickköpfigkeit ertrunken, weil er sich geweigert hat, eine Schwimmweste anzuziehen, als er mit meinem Cousin Johannes im Kanu aufs offene Meer rausgepaddelt ist. Hätte Mama nicht dieses ungute Gefühl gehabt, wären Papa und mein Cousin Johannes ertrunken. Aber Mama hat die beiden in letzter Sekunde mit der Seewacht gerettet. Mama ist eine Retterin. Dafür kann sich Papa ruhig mal bedanken.

Außerdem soll Papa wiederkommen, damit Mama ruhig schlafen kann. Vielleicht ist Papa wieder mit dem Kanu unterwegs. Im Dunkeln paddelt er den Fluss entlang. Ich könnte in der Garage nachgucken, ob das Kanu weg ist. Da hat Papa das nämlich abgestellt. Darum muss Papa jetzt immer sein Auto an der Straße parken. Es ist doch möglich, dass sich Papa beim Schuheputzen die ganze Zeit gefragt hat, warum er mich in der Dunkelheit alleine nach Cotsch suchen lässt. Plötzlich hat er ein schlechtes Gewissen gekriegt und ist mit dem Kanu losgepaddelt, um mich an der Brücke nach Forst abzufangen. Doch leider hat er vergessen, dass unterwegs diese Stauschleuse ist. In die ist er reingeraten, weil es so düster war. Und jetzt treibt Papa tot auf dem Fluss. Das ist kein schöner Gedanke. Solche Fantasien hat Mama ständig, wenn Cotsch wieder mal abgehauen ist. Darum kann Mama auch immer erst schlafen, wenn Cotsch wieder zu Hause ist. So lange sitzt sie im Wohnzimmer auf dem Sofa und versucht, in den Garten zu starren. Aber der Garten ist nachts so schwarz und dunkel, dass Mama nichts außer ihrem Spiegelbild in der Fensterscheibe sehen kann, und dann sieht sie, wie sie stumpf in die Scheibe starrt und ihre Lebenszeit mit Warten vertut. Ich wünsche mir, dass Mama mal eine Nacht gut schlafen kann. Das wünsche ich mir so sehr, wie Mama sich wünscht, dass ich für sie mal einen Teller Nudeln esse. Wenn Mama mich zu meinem nächsten Geburtstag fragt, was ich mir wünsche, werde ich sagen:

»Ich wünsche mir, dass du mal eine Nacht gut schlafen kannst!«

Meine kleine, tapfere Mama.

Papa soll wiederkommen. Alles soll gut sein. Einmal soll alles gut sein. Sollte Papa mich irgendwann einmal fragen, was ich mir von ihm zum Geburtstag wünsche, werde ich sagen:

»Ich wünsche mir, dass du endlich mal den Brief von Cotsch liest!«

Und ich hoffe wirklich, dass er nicht tot auf dem Fluss treibt.

18

Wir machen uns auf den Weg, Papa im Auto in voller Aktion zu überführen. Als wir uns zu viert, Mama im Nachthemd, Cotsch im T-Shirt, ich barfuß und Arthur in voller Montur, im Windfang rumdrücken, wird plötzlich von draußen die Tür aufgeschlossen. Jemand versucht die Tür aufzustoßen, und Mama kriegt das Ding an den Kopf.

»Aua!«

Vor Schreck machen wir alle schnell ein paar Schritte zurück in den Flur. Papa steht vor uns. Er sieht ganz ordentlich aus. Gar nicht zerzaust und schwitzig. So kann man nicht aussehen, wenn man eben noch mit der dicken Dorle auf dem Autovordersitz rumgekuschelt hat.

»Was ist denn mit euch los?«

Ich trete lieber nach vorne und übernehme das Wort, bevor hier noch jemand auf die Idee kommt, einen absurden Verdacht zu äußern

»Papa, wo warst du denn? Wir haben uns Sorgen gemacht!«

Cotsch nimmt Mama in den Arm. Und bei dieser Geste geht es nicht um Trost, sondern ganz klar darum, eine Front gegen Papa zu bilden. Jetzt fehlt nur noch, dass sich die beiden an den Händen fassen, sie zu Fäusten ballen und wie die Kinder in der Grundschule einen auf Panzerfaust machen. Es wäre besser, die Front würde sich für einen Moment in Cotschs Zimmer zurückziehen, damit ich hier die Sache auf moderate Weise klären kann. Aber ich glaube, das kann ich vergessen. Mama ist innerlich zu überspannt, als dass es ihr möglich wäre, noch einen Augenblick länger auf Papas Antwort zu warten. Ihr ganzer Körper bebt. Ihre Lippen sind tiefblau. Das Gesicht ist weiß. In so einem Zustand habe ich Mama noch nie gesehen. Ich habe fast den Eindruck, dass sie gleich explodiert. Oder implodiert. Mama ist eher der Typ, der implodiert. Genau wie die Brustimplantate von Monica. »Monica, could you please show us how your breast looks now!« Papa schüttelt den Kopf und beugt sich nach unten, um seine Schnürbänder aufzuknoten. Arthur lehnt hinter mir am Türrahmen zu meinem Kinderzimmer und hält seinen Helm wie ein Schutzschild vor den Bauch. Jetzt wäre es an der Zeit, Arthur rauszuschleusen. Doch das könnte ein ziemlich schwieriges Unterfangen werden, schließlich versperrt Papa den Ausgang. Arthur könnte sich wie vorgestern wieder zwischen Papas Po und der Garderobe vorbei quetschen. Die Gefahr dabei ist bloß, dass Papa das als respektlose Handlung empfinden und richtig wütend werden könnte. So, wie Papa immer noch den Kopf schüttelt, ist klar, dass er sich ebenfalls in einer ziemlichen Anspannung befindet. Außerdem schließe ich aus seinem

Schweigen, dass er mal wieder so richtig die Nase voll hat und beschlossen hat, dichtzumachen. Jetzt redet er nicht mal mehr mit mir, und das ist neu. Ich werde es noch einmal mit einem ganz weichen, warmen Stimmchen versuchen.

»Papa, wir haben uns Sorgen gemacht. Wo warst du denn?«

Papa stellt seine Schuhe ins Schuhregal, nimmt dafür seine Hausschuhe heraus und richtet sich langsam auf. Sein Gesicht ist rot. Sein Atem geht schwer. Er könnte jetzt lächeln, uns alle in den Arm nehmen und sagen:

»Schön, dass ihr euch Sorgen um mich macht. Ich bin so froh, dass ich diese wunderbare Familie habe!«

Aber so ein Eingeständnis wird für immer ein Traum bleiben. Papa hängt lieber erst mal seine gelbe Jacke auf einen Bügel, um die Spannung zu erhöhen. Wird er ausrasten, wird er für eine Woche schweigen, wird er wieder ins Geschäft zu seinen Pflanzen fahren? Manchmal verliert Papa die Nerven, wenn er denkt, dass Schweigen nicht mehr hilft. Einmal hat er Mama eine gescheuert. Da waren Cotsch und ich noch sehr klein.

Draußen schien die Sonne. Die Bäume und Büsche waren grün. Mama stand in der Küche und hat abgewaschen. Papa hat im Garten den Rasen gemäht, und Cotsch und ich haben im Wohnzimmer mit unseren Puppen gespielt. Plötzlich hat Papa aufgehört, den Rasen zu mähen, weil er das runde Blechtablett auf dem Rasen entdeckt hatte,

18

womit Mama am Morgen das Frühstücksgeschirr in den Garten zum Gartentisch getragen hatte. Cotsch und ich hatten damit nach dem Frühstück Frisbee gespielt und es später auf dem Rasen liegen gelassen. Papa hat ausgeholt und es einfach so ins Wohnzimmer geworfen. Wie eine Frisbeescheibe. Mama ist aus der Küche gekommen und hat es zurück zu Papa auf den Rasen geschleudert. Wie eine Frisbeescheibe. Papa ist ins Wohnzimmer gerannt, hat sich Mama gegrabscht und auf sie eingehauen. Mama hat gerufen: »Nein Berni! Bitte nein. Bitte nein!« Papa hat Mama losgelassen und weiter den Rasen gemäht, und meine Schwester und ich haben mit unseren Puppen gespielt, so als hätten wir nichts gesehen.

Ich kann die Bilder wachrufen und alles genau vor mir sehen, hören und riechen. Papas Schweißgeruch. Mamas Angst. Die Sonne. Den Geruch von gemähtem Gras. Den staubigen Geruch der Puppenkleider. Ich sehe Cotschs kleine Hände vor mir, die Konzentration in Cotschs Gesicht, als sie versucht, ihrer Puppe Zöpfe zu flechten. Ich sehe Mama, die mit ihrem Küchenhandtuch im Hosenbund neben dem Wohnzimmertisch auf die Knie geht und schützend die Arme um den Kopf schlingt. Papa steht groß und mächtig über ihr. Sein Arm mit der flachen Hand geht schnell hoch und runter. »Nein Berni! Bitte nein. Bitte nein!«

Vielleicht sollte ich Papa doch besser in Ruhe lassen. Vielleicht sollten wir uns alle in Ruhe lassen. Vielleicht ist

18

alles vorbei. Vielleicht gibt es diese Familie nicht mehr. Vielleicht sollten Mama und Papa sich wirklich scheiden lassen. Vielleicht geht es nicht weiter. Mama, Cotsch und ich, wir bleiben zusammen. Wir gehen. Und Papa bleibt allein zurück. Oder er muss gehen und wir bleiben zurück. Papa geht mit Tränen in den Augen. Hilflos. Einsam. Seine Familie steht an der Tür. Bewegungslos.

»Bist du traurig, Papa?«

Papa geht den Weg zur Straße runter. In jeder Hand einen Koffer. Vielleicht sollte ich mit Papa gehen, damit er nicht alleine ist. Ich weiß nicht, was ich mit Papa reden soll. Er redet ja nicht. Aber ich mag auch nicht, wenn er traurig ist.

Papa steht allein im Windfang. Einsam. Hilflos. Der ist in sich gefangen. Der kann nicht anders. Der ist emotional hilflos. Ich bin hilflos. In meinem Kopf ist nur noch Kaugummi. Ich kann nicht mehr denken. Mein Kopf ist so schwer. Ich kann nicht mehr lange stehen. Ich will mich hinlegen, die Last nicht mehr tragen. Ich will mich drüben bei Arthur auf die Matratze legen. Ich will mich ausruhen. Arthur soll über meinen Rücken streichen. Arthur, du bist mein Zuhause.

Ich frage zum letzten Mal, wo Papa gewesen ist. Und wenn dann keine Antwort kommt, gehe ich mit Arthur. Ich werde gehen und die Tür hinter mir und Arthur schließen. Ich werde mir die Ohren zuhalten, um nicht euer Geschrei zu hören. Ich weiß, dass ihr euch anschreit, wenn ich nicht mehr da bin, um euch zu beruhigen. Aber ich habe keine Lust mehr, euch zu beruhigen. Lieb zu lächeln. Ich kann das nicht mehr.

»Wo warst du denn, Papa?«

Meine Stimme bricht ab. Mein Mund ist trocken. Papa zwängt sich an uns vorbei, in Richtung Treppe. Mama und Cotsch machen ihm Platz. Der hellgelbe Teppich dämpft jeden seiner Schritte bis zur Lautlosigkeit. Er geht den Flur entlang ins kleine Klo hinein und wäscht sich die Hände. Das macht Papa immer, wenn er vom Geschäft nach Hause kommt. Haustür aufschließen, Schuhe wechseln, Jacke aufhängen und sich im kleinen Klo die Hände waschen. Lasst mich durch. Ich taumel. Langsam gehe ich den Flur runter. Meine Schulter stößt immer wieder leicht gegen die Wand. Jetzt stehe ich vor der angelehnten Tür zum kleinen Klo. Drinnen höre ich, wie Papa sich die Hände wäscht. Ich tippe die Tür mit den Fingerspitzen an. Nur ganz leicht. Gelbes Licht fällt auf mich und den Teppich. Papa, ich frage dich jetzt zum letzten Mal.

»Wo warst du denn?«

Papa trocknet sich die Hände ab. Als er damit fertig ist, kommt er langsam auf mich zu. Ich löse mich auf. Nur der rosa Kaugummi in meinem Kopf ist geblieben. Papa steht vor mir und öffnet seinen Mund.

»Verdammt noch mal, seit wann interessiert es euch, was ich mache? Kümmert euch um euren eigenen Kram. Damit habt ihr doch genug zu tun!«

18

Der Löwe hat gebrüllt. Die Menge raunt. Was wird als Nächstes passieren? Die Gladiatorin versucht ruhig zu bleiben. Sie spricht mit sanfter Stimme auf den Löwen ein. Vielleicht können sie Freunde werden.

»Das stimmt doch gar nicht. Wir haben uns Sorgen gemacht!«

»Ihr macht euch doch nur Sorgen um euch selbst!«

»Das stimmt doch gar nicht!«

»Es geht immer nur um euch. Lelle isst zu wenig, Cotsch ist wieder mal abgehauen, und Mama kriegt einen Herzinfarkt. Es geht eben doch immer nur um euch!«

Die Menge auf den Rängen tobt. Besonders Cotsch. Sie kommt uns entgegengehumpelt. Anscheinend will sie mitkämpfen. Das war zu erwarten.

»Du kümmerst dich ja auch nicht um uns. Dir ist doch scheißegal, was mit uns ist. Du gehst immer nur ins Geschäft zu deinen beschissenen Pflanzen und sagst kein Wort. Ich hasse dich, du Arschloch!«

Das ist eine gute Idee! Lasst uns den Löwen reizen, damit er richtig Lust bekommt, uns alle in Stücke zu reißen. Jetzt kommt Mama auch dazu. Sie hängt sich an Papas Hals. Anscheinend hat sie eine andere Taktik drauf. Streichelt über sein gerötetes Gesicht.

»Berni, bitte!«

Auf die Nummer hat der Löwe gar keine Lust. Der schubst die Sklavin weg, in Richtung Cotsch.

»Was denn? Ihr macht doch ständig Ärger. Ich versuche

nur, mich aus dem ganzen Mist rauszuhalten. Ich hab die Nase voll. Ich hab die Nase gestrichen voll. Ihr seid doch alle verrückt!«

»Du machst uns verrückt, du Arschloch!«

Schön, dass Cotsch diese wundervolle Begabung hat, sachlich zu bleiben. Ich glaube, sie will einfach, dass Papa ihr eine scheuert, damit sie noch mehr Grund hat, ihn zu hassen. Ich glaube, manchmal weiß Cotsch gar nicht mehr, warum sie Papa hasst. Die ist einfach nur voller Wut. Wut. Wut. Wut. So wie mein Kopf voller Kaugummi ist.

Und was ist mit Arthur? Der steht immer noch in meiner Kinderzimmertür und sieht erschrocken zu uns in die Arena. Gab es nie solche Momente in seiner Familie? Vielleicht nicht. Vielleicht haben sich seine Eltern nie gestritten, weil sie von den Tabletten, die Arthur für sie tütenweise bei der Apotheke geholt hat, so zugedröhnt waren. Eltern, die benebelt durchs Haus wanken und vergessen haben, wie ihr einziger Sohn heißt. War das ein besserer Zustand? Hat Arthur seine Eltern geliebt? Vermisst er sie? Denkt er gerade an sie und wünscht sich, wenigstens mit ihnen streiten zu können? Vielleicht ist es besser, Eltern zu haben, mit denen man streiten kann, als gar keine Eltern zu haben. Mama versucht zu beruhigen und klammert sich an Cotschs Arm.

»Bitte, Cotsch, hör auf!«

»Warum soll ich aufhören, wenn dieses Arschloch nie mit uns reden will?«

18

»Bitte, Cotsch!«

»Bitte, Cotsch! Bitte, Cotsch! Hör doch mal mit deinem ewigen Gejammer auf! Immer sollen wir ruhig sein und so tun, als wäre alles in Ordnung! Nichts ist in Ordnung! Nichts! Immer sollen wir ruhig sein. Immer müssen für Papa genug Eier im Salat sein. Immer müssen alle Türen zu sein, damit es im Flur nicht kalt wird. Immer sollen wir ruhig sein, damit Papa sich nicht über uns ärgert! Damit die Nachbarn nichts hören! Ich hab keine Lust ruhig zu sein. Ich will schreien. Ich will schreien! Schreien!«

»Cotsch, bitte!«

Mama setzt sich mit ihrem Nachthemd auf die Treppenstufen, klammert sich am Treppengeländer fest und weint. Bestimmt hat sie sich ihr Leben auch anders vorgestellt, als sie damals für den Fotografen gelächelt hat, der das Passfoto von ihr gemacht hat. Auf dem Passbild ist Mama noch ganz jung. Sie hat es mir geschenkt, als ich das erste Mal ins Landschulheim gefahren bin. Mama hat gesagt: »Wenn du Heimweh bekommst, guck dir das Passbild an. Ich bin immer bei dir!« Wo ist meine lächelnde Mama? Sie hockt zitternd auf der Treppe und weint. Ich setze mich neben sie, streiche über ihren Rücken.

»Mama!«

»Ich kann nicht mehr. Ich kann einfach nicht mehr!«

»Mama!«

Papa steht in der Mitte vom Flur. Er atmet schwer. So

18

schwer wie noch nie in seinem Leben. Dieses eine Mal sollte er mit uns und nicht mit den Nachbarn reden.

»Ich war bei Dorle …!«

»Siehst du? Siehst du? Ich hab doch gesagt, der bumst mit Dorle rum!«

»Bitte, Cotsch!«

Bitte, Cotsch, sei still. Sei einfach still. Setz dich auf die Treppe oder humpel mit deinem Gipsbein neben Arthur. Haut in mein Zimmer ab. Setzt euch auf mein Bett. Meinetwegen darf er dir wieder seine Jacke umhängen oder den Arm um dich legen. Aber bitte sei still. Sei einfach still. Oder bleib stehen und hör zu. Papa zuckt. Er zuckt in Richtung Kellertreppe. Er will mit der alten gelben Socke seine Schuhe putzen.

»Ich war drüben bei Dorle und Gérard-Michel, weil sie sich Sorgen um Antoine gemacht haben!«

»Was? Wo warst du?«

Zum Glück hat Mama aufgehört zu weinen. Sie wischt sich mit dem Saum von ihrem Nachthemd die Tränen weg und atmet tief durch. Dafür wippt Cotsch richtig geladen mit ihrem Gipsbein hin und her. Das ist nicht gut fürs Gipsbein. Wenn das noch so frisch und feucht ist, soll man das noch nicht so belasten, sonst verformt sich der Gips und fällt auseinander. Das hatten wir schon mal. Damals ist Cotsch mit ihrem Gipsbein so rumgehüpft, als hätte sie gar keins und plötzlich ist es auseinandergebrochen, und Mama musste noch mal mit ihr im Taxi zu Doktor Seifert

18

fahren, weil Papa mit dem Auto noch im Geschäft war. Aber ich sage jetzt nichts dazu. Ich will wissen, wie die Geschichte weitergeht.

»Antoine ist auf der Landstraße in eine Baustelle gerast!«

»Und wozu haben die dich da drüben gebraucht?«
Cotsch wippt immer stärker mit ihrem Gipsbein. Ihre Stimme zischt. Die Augen funkeln wie die eines gemeingefährlichen Rachezombies. Cotsch ist mehr der Typ, der explodiert. Gleich ist es soweit. Die bewegt sich schon in anderen Sphären. Die weilt schon nicht mehr unter uns. Ein eisiger Windhauch weht durchs Haus. Cotsch schwebt mit ihrem Gipsbein bereits einen halben Meter über dem Teppich. Die interessiert nicht mal, ob es Antoine gutgeht. Ob er verletzt ist. Immerhin ist sie nicht ganz unschuldig daran, dass Antoine im Eifersuchtstaumel über die Landstraße gefegt ist, nachdem sie die Hosen-runterzieh-Nummer im Billardsalon von Forst abgezogen hat. Jetzt geht es für Cotsch nur noch darum, dass Papa sich lieber in kniffligen Situationen um unsere Nachbarn kümmert als um seine eigene Familie. Hoffentlich überlegt sich Papa seine Antwort gut.

»Ich habe mich ein bisschen um Dorle gekümmert, solange wie Gérard-Michel unterwegs war, um Antoine zu finden. Dorle hat sich solche Sorgen um ihr Auto gemacht!«

Ich habe eben darum gebeten, dass sich Papa seine Antwort genau überlegt. Aber das ist bei ihm anscheinend nicht angekommen. Vielen Dank für deinen Beitrag, Papa. Du bist emotional absolut hilflos. Doch leider bin ich die Einzige in dieser Familie, die das weiß und zu deinen Gunsten berücksichtigen wird. Auf jeden Fall hätte ich jetzt gerne eine große Taste, auf der »Vorlauf« steht. Da würde ich mit Vergnügen draufdrücken. Oder ich schnappe mir Arthur und haue mit dem nach drüben ab. In seinem Zimmer setzen wir uns dicke Kopfhörer auf den Kopf und tun so, als wären wir die Einzigen auf der Welt. Wir stellen die Musik ganz laut. Ich nehme die CD mit, die Antoine Cotsch damals geschenkt hat. *Misplaced Childhood.* Damit dröhnen wir uns zu. Wir halten uns an den Händen, nicken im Takt. Nicken zum Text. Wir wissen, dass wir gemeint sind. *Misplaced Childhood.* Ich frage mich, ob Cotsch jemals diese CD aufmerksam gehört hat. Davon hätte sie sich doch angesprochen fühlen müssen. Es müsste ebenfalls ihre Lieblings-CD sein. Vielleicht wäre es eine gute Idee, wenn ich die gleich mal reinschmeißen und voll aufdrehen würde. Vielleicht könnte die Musik noch einmal das Ruder rumreißen.

Zu spät. Cotsch explodiert gerade. Ihre Stimme überschlägt sich. Das frische Gipsbein wird gegen die Wand geschlagen. Ihre Arme wirbeln herum, reißen die aufgehängten Weihnachtsbasar-Aquarelle von Frau Meisner von den Wänden. Glasscherben fliegen durch den Flur.

Leute, es ist Krieg!

18

»Du-hast-dich-um-die-Scheiß-Dorle-gekümmert-während-der-Scheiß-Gérard-Scheiß-Michel-unterwegs-warum-den-Scheiß-Antoine-zu-suchen?«

Das ist wirklich ein Hammer! Leute, ich gebe es zu. Das ist ein Hammer! Ich kann es nicht fassen! Ich kann es nicht fassen! Ich kann es nicht fassen! Genau wie alle anderen Beteiligten. Mama starrt Papa nur noch an. Sie hockt auf der Treppe in ihrem Nachthemd, mit den Hausschuhen an den Füßen, und starrt Papa nur noch an, wie er in der Mitte vom Flur steht und nichts mehr begreift. Cotsch steht vor ihm, haut mit den Fäusten auf ihn ein, schlägt sich selber, tritt mit dem Gipsbein gegen die unterste Treppenstufe, gegen die Wand, gegen das große Bild vom Künstler, was an die Wand gelehnt in der Ecke steht. Sie reißt sich an den Haaren, am T-Shirt. Sie zerrt an ihrer Unterhose. Sie taumelt hin und her. Haut wieder auf Papa ein. Und schreit. Ihr Mund ist aufgerissen. Nur ein schriller, schmerzerfüllter Ton kommt heraus. Immer wieder holt sie Luft. Schreit wieder los.

Ich kann den Schmerz von Cotsch verstehen. Ich kann Mama verstehen, die zum ersten Mal keine Kraft mehr hat, Cotsch zu beruhigen. Sie versucht es nicht einmal. Sie hockt nur da und starrt Papa an, der jetzt den Kopf schüttelt, Arthur einen kurzen Blick zuwirft, als er die Windfangtür aufmacht. Papa nimmt seine Jacke vom Bügel und geht. Papa geht mit Hausschuhen auf die Straße. Genau, wie Mama das vorgestern gemacht hat.

18

Für einen Moment hält Cotsch inne. Wild zerzaust, zitternd, bebend, mit zerstörtem Gipsbein, steht sie mit nackter Sohle auf den herumliegenden Scherben. Zitternd und bebend sieht sie Papa nach, der sich die Jacke über den Arm hängt und geht. Die Vordertür fällt ins Schloss.

Es ist ruhig in unserem Flur. Sehr ruhig. So ruhig wie mittags, wenn ich aus der Schule komme, bevor ich den Fernseher im Wohnzimmer einschalte und Sally gucke. »Our guests today: Mum, Dad, Cotsch, Lelle. A crazy family. Totally burnt out. Totally ill! Totally pissed off! Please, welcome our guests!«

Das ist definitiv das Ende. Jetzt geht es ohne Zweifel nicht weiter. Wir sind sprachlos. Wir sind hilflos. Wir sind am Ende. Am besten, Mama ruft Frau Thomas an, die Therapeutin von Cotsch. Frau Thomas hat gesagt: »In Notfällen können Sie mich auch nachts erreichen!« Das war damals, als Cotsch gedroht hat, sich umzubringen. Heute Morgen könnte Cotsch unter Umständen ernst damit machen. Und ich könnte es verstehen. Und vielleicht sollte ich für Mama den Notarztwagen rufen, falls sie sich entschließt, vor lauter Verzweiflung endlich einen Herzinfarkt zu kriegen. Ich könnte es ihr nicht verübeln. Wenn man nicht mehr weiterweiß, ist es wohl das Nächstliegende, sich umzubringen, oder einen Herzinfarkt zu bekommen. Ich weiß bloß, dass ich hier raus muss. Arthur hat sich schon lange in mein Zimmer zurückgezogen. Ich weiß, dass er am liebsten gegangen wäre. Und ich weiß auch,

18

dass er mich nicht mit dem ganzen Scheiß alleine lassen wollte. Ich mache mir Sorgen, was Arthur jetzt von mir denkt. Vielleicht mag er mich nicht mehr, weil er glaubt, dass es mit mir nur kompliziert werden würde. Vielleicht sollte ich einfach auch ein paar Therapiestunden bei Frau Thomas nehmen und mich erst in zehn Jahren wieder bei ihm melden. Dann ist Gras über die Sache gewachsen. Ich habe keine Ahnung, was das Klügste ist. Anscheinend hat Mama eine Idee. Sie erhebt sich von ihrem Logenplatz, strafft sich.

»Ich rufe jetzt Frau Thomas an!«

Das ist ein wunderbarer Gedanke, Mama. Frau Thomas soll sich um Mama und Cotsch kümmern. Schließlich ist die ein Profi. Sie weiß bestimmt, was zu tun ist. Da fällt mir aber ein Stein vom Herzen. Ich fühle mich gleich viel leichter. Ich kann wieder tief durchatmen. Fast möchte ich lächeln, tanzen. Ich möchte zu Arthur in mein Zimmer tanzen. Mama streicht Cotsch im Vorbeigehen über die Schulter, bevor sie im Wohnzimmer in Richtung Telefon verschwindet. Über Cotschs Wangen stürzen die Tränen. Ihr Kinn zittert. Ihre Schultern hängen. Meine Cotsch. Sie ist meine Retterin. Jetzt soll sie gerettet werden. Von Frau Thomas. Bevor ich zu Arthur tanze, nehme ich Cotsch in die Arme, drücke sie an mich, streiche ihr die schönen Locken aus dem nassen Gesicht. Ich küsse sie, lächle sie an.

»Du bist meine Lieblingsschwester!«

»Du bist meine Lieblingsschwester!«
»Sei nicht traurig, Cotsch! Sei nicht traurig!«
»Ich kann nicht mehr!«
»Ich weiß!«
»Ich kann nicht mehr!«
Cotschs Körper vibriert. Ihre nackten Arme sind kalt, ihr Atem warm. Wenn ich nicht aufpasse, muss ich auch gleich losheulen. Aber wie wir wissen, macht Heulen alles nur noch schlimmer und auswegloser. Ich bleibe stark. Es ist schön, stark zu sein, solange man jemandem damit helfen kann. Ich ziehe Cotsch ganz fest zu mir heran, streiche ihr über die Haare, und aus dem Wohnzimmer dringt Mamas trockene Stimme zu uns.

»Vielen Dank, Frau Thomas. Bis gleich!«
Jetzt müssen sich Mama und Cotsch nur schnell etwas überziehen und ins nächste Taxi hüpfen. Dann sind Arthur und ich allein. Allein! Leute, hört ihr, wie fein das in den Ohren klingt?!

19

Leute, mein Traum ist in Erfüllung gegangen. Ich sitze auf Arthurs Bett. Ist das nicht der Hammer? Der hat gar keine Matratze auf dem Boden liegen. Der hat ein Hochbett. Arthur und ich sitzen auf Arthurs Hochbett. Wir sitzen mit unseren Dreckhosen mitten auf seinem Bett. Ist das nicht der Hammer?! Wir sehen vom Hochbett runter aus dem Fenster. Ich kann den vertrockneten Rosenstrauch in Arthurs Vorgarten sehen. Ist das nicht der Hammer? Und neben mir sitzt Arthur im Schneidersitz. Gerade haben wir uns eine Zigarette gedreht und hören *Misplaced Childhood*. Arthur guckt mich von der Seite an, zieht an seiner Zigarette. Ich ziehe an meiner, und dann stößt mich Arthur an. Er lächelt. Seine Augen sind ganz klein und müde. Aber sie leuchten. Arthur sagt: »Alles, bis auf den Mond und schwarz, ist relativ!« Ist das nicht der Hammer?! Ja, und mir geht es relativ gut. Ich sitze mit meiner Dreckhose auf Arthurs Bett, höre schöne *Marillion*-Musik, ziehe an meiner Zigarette und lächle. Ich kann nicht aufhören zu lächeln. »Alles, bis auf den Mond und schwarz, ist relativ!« Arthur sitzt relativ dicht neben mir. Sein Knie berührt mein Knie. Ich habe nicht mal Angst, dass mein Magen knurren könnte. Mama und Cotsch sind am Straßenrand ins Taxi gestiegen. Zum Abschied haben Arthur und ich ihnen einen Kuss auf die Stirn gegeben. Und Cotsch hatte sich wieder relativ beruhigt. Und Mama hat ebenfalls einen ganz aufgeräumten Eindruck gemacht. Als das Taxi in Richtung Frau Thomas losgefahren ist, haben sie uns aus dem Rückfenster zugewunken. Wir haben zurückgewunken, und ich war relativ froh, als das Taxi am Ende der Straße um die Kurve gebogen ist.

Wir drücken unsere Zigarettenstummel in Arthurs kleinem getöpfertem Aschenbecher aus. Da liegen auch schon unsere durchgekauten Kaugummis drin. Wir lächeln. Sehen uns an. Unsere Augen sind schmal und rot. Arthur legt seine Hand in meine Hand und drückt zu. Ich drücke auch zu. So legen wir uns hin. Wir halten uns fest. Ganz langsam. Wir liegen nebeneinander. Mein Kopf an Arthurs Schulter, meine Hand auf seiner Brust. Unter dem T-Shirt hat Arthur eine große Narbe. Arthur zieht mich näher zu sich heran. Ich schmiege mich an ihn. »Arthur, du bist mein Held!« würde ich jetzt gerne sagen. Ich schmiege mich an ihn und schließe meine Augen. Mama und Cotsch sind verpufft. Papa gießt irgendwo seine Pflanzen.

»Arthur, du bist mein Held!«
Seine Lippen berühren meine Stirn. So weich. So schön. Arthur, Arthur, Arthur. Durch das geschlossene Fenster höre ich leise und gedämpft die Vögel in Frau Heidenreichs Vorgartenbaum zwitschern. Leise, ganz leise. *A love song with no validity.* Vorsichtig hebe ich meinen Kopf. *Pretend*

you never meant that much to me. Nur ein kleines bisschen. So, dass unsere Lippen sich berühren können. *A Valium child, bored by meaningless collisions.* Ganz sanft. Ganz weich. Ganz vorsichtig. Arthurs Lippen sind weich. Seine Hände sind weich. Sie streichen über meinen Rücken. Arthurs Hand streicht über meinen Rücken. Da ist die Hand, die über meinen Rücken streicht. *A lonely stretch of headlight.* Sie streicht weiter, als wir unter Arthurs Decke liegen. *Diamonds trapped in black ice.* Die Unterhosen haben wir anbehalten. Das ist gut so. Auch, wenn meine gerippt und aus Baumwolle ist.

I just wanted you to be the first one.

Wir liegen ganz eng nebeneinander. Arthur schläft, und mir ist heiß. Vorsichtig schlage ich die Decke zurück. Hoffentlich wacht Arthur nicht auf. Ich will nur schnell das Fenster ankippen. Gerade als ich vom Hochbett krabbeln will, hält mich Arthur plötzlich fest.

»Wo willst du hin?«

»Ich mach nur schnell das Fenster auf!«

»Bitte nicht! Hinterher strampel ich mich im Schlaf frei und dann erkälte ich mich!«

Leute, ich habe einfach Glück.

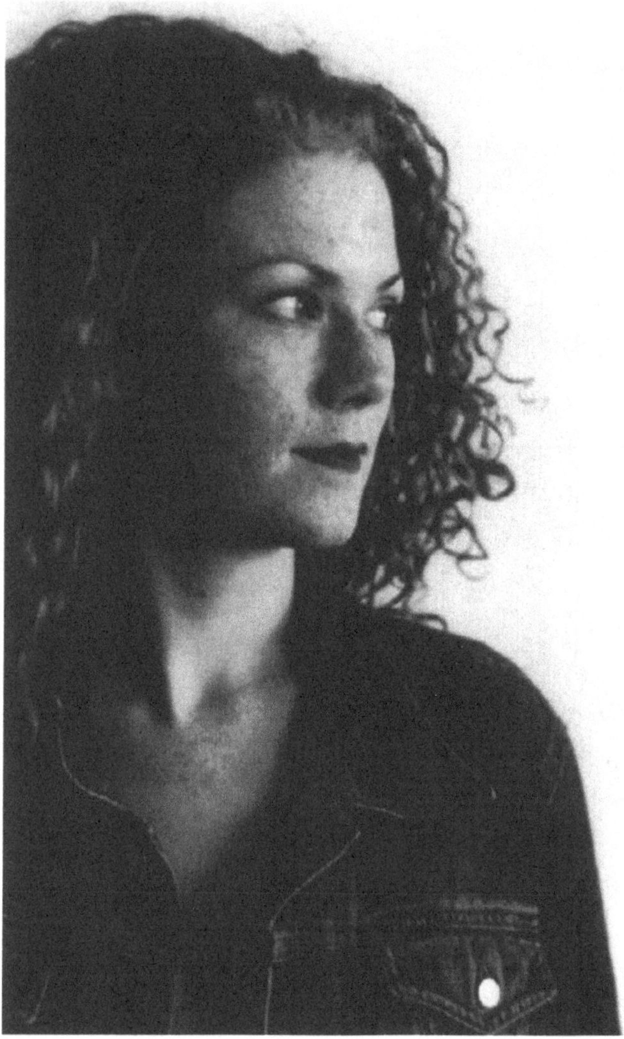

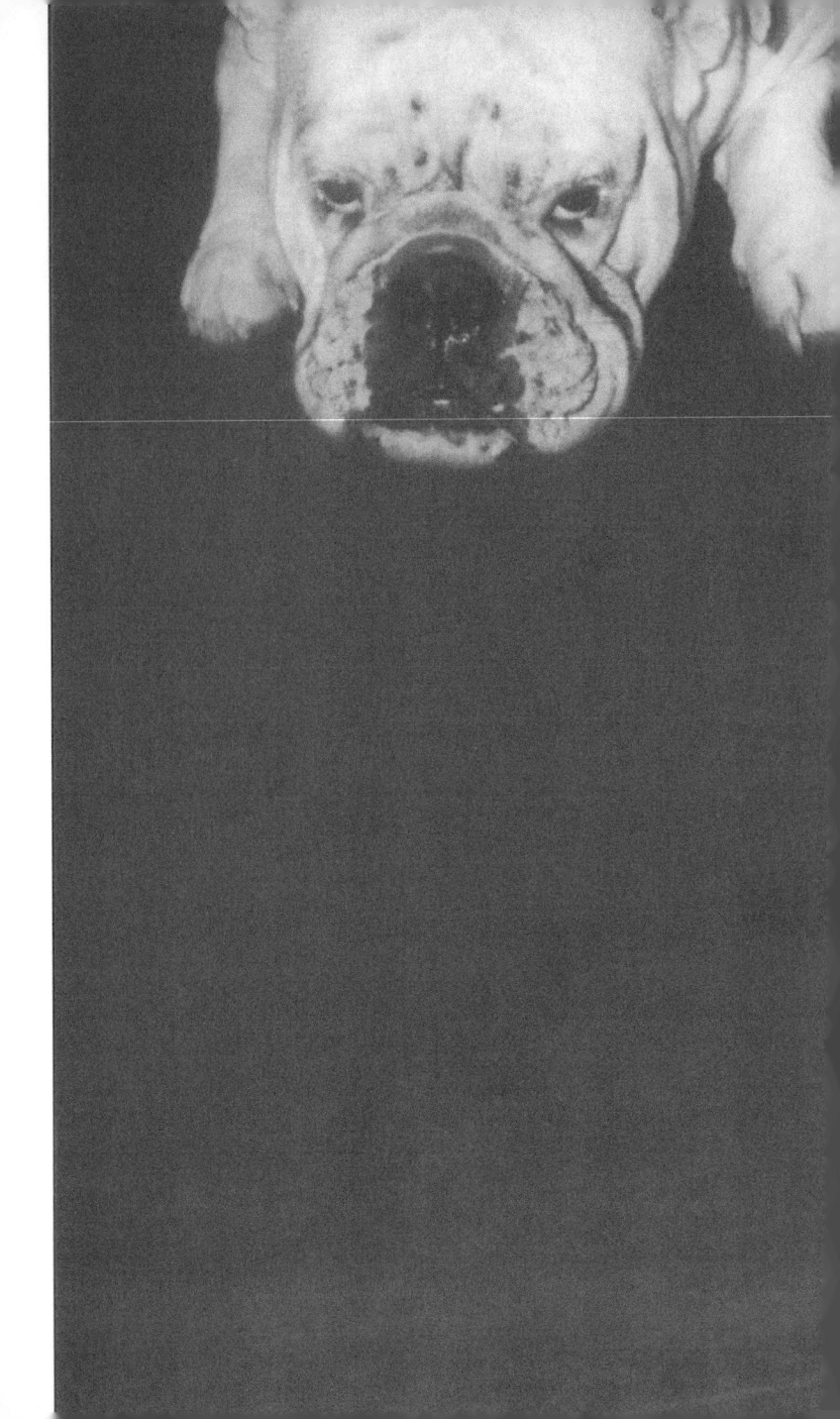